Carlo Carretto

Was Franziskus uns heute sagt

Carlo Carretto

Was Franziskus uns heute sagt

Herder Freiburg · Basel · Wien

Titel des Originalwerkes: *Io Francesco*

Übersetzung aus dem Italienischen von Maria Otto

Achte Auflage

Umschlagbild: Franziskus von Assisi
von Margaritone di Magnano da Arezzo
(13. Jh.) (Pinacoteca Vaticana, Foto Smeets)

Imprimatur. – Freiburg im Breisgau, den 12. Oktober 1981
Der Generalvikar: Dr. Schlund
Herstellung: Freiburger Graphische Betriebe 1988
ISBN 3-451-19397-3

Inhalt

Einführung
Der Traum vom Heiligwerden

Mindestens einmal im Leben haben wir davon geträumt, heilig zu werden. Einmal, als wir unter unserer Zerrissenheit aufstöhnten, rührte uns die Hoffnung an, wir könnten Einheit und Licht in uns schaffen.

Entsetzt über unseren Egoismus, haben wir wenigstens in Gedanken die Ketten unserer Sinnlichkeit gesprengt und die Möglichkeit wahrer Freiheit und echter Liebe erspäht. Angeödet vom bürgerlichen Behagen, sahen wir uns auf den Straßen der Welt hinausziehen mit einer Botschaft des Lichtes und der Brüderlichkeit; wir trauten uns zu, ohne Wenn und Aber das Zeugnis eines Lebens darzubringen, das durch Armut und Liebe den Weg zu den Brüdern finden würde.

Damals, als wir so fühlten, ist Franziskus in unser Leben eingetreten.

Es gibt wenige Christen – ob Katholiken, Protestanten oder Orthodoxe –, die den Begriff menschlicher Heiligkeit nicht alsbald mit der Gestalt des Franz von Assisi verbinden und die sich nicht in irgendeiner Weise von ihm angezogen fühlen.

In allen Kirchen verkörpert Franziskus den Typus des Menschen, der sich auf das Abenteuer der Heiligkeit einläßt und ihr einen wahrhaft universalen Ausdruck verleiht. Wer Heiligkeit im Menschen für möglich hält, entdeckt sie in der Armut und Milde des Franziskus; wer sich seinem Gebet im Lied der Kreaturen anschließt, ahnt etwas von der Überwindung des Grenzwalls, den Ungläubigkeit und Angst errichtet haben, und weiß: drüben lassen sich Wölfe zähmen, dort kann man mit Fischen und Schwalben sprechen.

Ich glaube, Franziskus von Assisi ist in der Tiefe jedes Menschen, der von der Gnade berührt ist, wie in der Tiefe jedes Menschen der Ruf nach Heiligkeit ertönt.

Und wiewohl Franziskus durchaus eingewurzelt ist in die Geschichte, ein Kind seiner Zeit, so kann man ihn auch der Geschichte entziehen und ihn in jede Zeit hineinstellen. Man kann ihn zu den ersten Christen gesellen, diesen Pilgern auf den Straßen des römischen Reiches, die die Freude einer ganz neuen Botschaft mit sich trugen, man kann ihn ins Mittelalter stellen als Reformator und Restaurator einer von politischen Kämpfen und Korruption zerrütteten Kirche, man kann ihn in die Zeit des Barock versetzen, um durch seine verblüffende Armut und Demut den Klerus herauszufordern, der das Priesteramt mehr als Herrschaft denn als Dienst auffaßte. Man kann ihn heute als den Typus des wahrhaft modernen Menschen aufstellen, der aus seiner Ängstlichkeit und Isolierung ausbricht, um das Gespräch mit der Natur, mit den Menschen und mit Gott wiederanzuknüpfen.

Vor allem mit Gott.

Ich meine, wenn es wahr ist, daß wir eine Epoche durchleben, die atheistisch ist wie keine andere je, dann ist es nicht minder wahr, daß ein Nichts genügt, das Steuer herumzuwerfen.

Ein winziger Auslöser kann ein Meer aufwühlen, das gesättigt ist mit sprungbereiten Elementen, mit solchen, die durch Leid und Ernst der Forschung geläutert sind. Allmählich bin ich daran gewöhnt, Bekehrungen mehr unter den „Fernstehenden" als unter den „Nahestehenden" zu sehen, und wenn ich einmal aufgefordert bin, von Gott zu sprechen, hören mir die am aufmerksamsten zu, die ihn immer geleugnet haben.

Oft kommt es vor, daß das „glatte Nein", das sich aufgrund freier und redlicher Forschungen bis zur Unwahrscheinlichkeit verdichtet hat, in ein „glattes Ja" explodiert, wenn der Blitz des Absoluten herabfährt.

Selbst die Materie, die nur als solche betrachtet wurde, ausgeräumt von einem unnützen Gott, wird von einer Präsenz erleuchtet, die sie nicht mehr verläßt und von der Tiefe ihres Geheimnisses flüstert.

In der Tat: der Atheismus von heute mit seiner ungeheuren Anstrengung, sich von einer vergangenen religiösen Kultur zu befreien, steht am Vorabend eines strahlenden Glaubensaufgangs. Infolge einer größeren Nacktheit und Transparenz hat der Glaube eine lebendigere Fähigkeit erworben, die Einheit des Ganzen als Zeichen der Immanenz Gottes in den Dingen und der vollkommenen Transzendenz der göttlichen Dreifaltigkeit zu schauen.

Aber wie fangen wir es an? Wie finden wir in uns die Kraft, zu glauben, daß die Welt erneuert werden kann, zu hoffen, daß wir den Frieden und die verlorene Freude wiederfinden, und den Mut, auf Felsengrund zu bauen?

Uns alle beklemmt das Gefühl, wir seien an einem Knotenpunkt der Geschichte angelangt, am Schluß einer unheilvollen Epoche, die in den letzten Zuckungen liegt.

Manche sprechen von der unmittelbar bevorstehenden Apokalypse, vom Atomtod. Aber auch wenn wir uns auf einen Fußbreit Hoffnung zurückziehen, auf die trübe Hoffnung, daß der Frieden sich auf der Angst erbauen lasse und daß gerade die Angst die Menschen davon abhalten wird, den Kriegsapparat in Gang zu setzen, fühlen wir uns unbehaglich genug: eingereiht in eine Autokolonne kann es uns greifbar deutlich werden, daß der technische Fortschritt uns gleichsam in einen finsteren Tunnel geschleust hat, von dem wir kein Ende sehen.

Und wie ist es uns zumute, wenn wir an einem nebligen Herbstmorgen plötzlich auf das Bächlein zu stoßen meinen, darin wir als Kinder selig geplantscht haben – aber bei näherem Besehen ist es nun ein schmutziger Wasserlauf, bedeckt mit gelben Schaumschlieren und voller Abfälle, Symbol der Wohlstandsgesellschaft?

Das Unbehaben, das wir empfinden, ist größer, als wir es wahrhaben wollen. Auf die Länge zerstört es die Freude, vertreibt es den Frieden. Es macht uns nervös und verdrossen. Bis uns alles und alle verhaßt werden. Um nicht daran zu denken, schütten wir ein wenig Alkohol hinunter und zünden uns eine Zigarette an.

Aber das Unbehagen sinkt nur tiefer, und der Horizont unseres Lebens verdüstert sich.

Erscheint vor unseren Augen das Schul- oder Betriebsgebäude, wo unser Arbeitsplatz ist, oder sehen wir unser eigenes Haus vor uns, das wir mit soviel Mühen und Opfern gebaut haben, kann es uns überkommen, daß wir am liebsten nicht hineingehen wollten, und unsere tägliche Arbeit scheint uns nutzlos. Sogar der vertraute Turm unserer Kirche läßt uns kalt. Was uns reizen kann, ist nur noch die Flucht oder die Bekanntschaft mit irgend etwas Neuem, auch wenn es gefährlich ist, und wir werden für allerhand verbotene Abenteuer ansprechbar.

Es fängt schon damit an, daß die Mütter nicht zu Hause bei ihren Kindern sind und die Väter auch immer etwas zu tun finden, was sie der Familie fernhält. Einmal auf der schiefen Bahn, gibt es kaum mehr ein Entrinnen. Das Ende ist der Überdruß, das Zerwürfnis mit der Gesellschaft und mit der Arbeit, Herzenskälte, Sucht nach niederen Vergnügungen zum Ersatz für die preisgegebenen Werte.

Man braucht bloß einen Blick auf die Kino-Anzeigen zu werfen, nachts durch einen Bahnhof zu laufen, der zur öffentlichen Schlafstätte für die Entwurzelten geworden ist, ein paar Stunden in der Ambulanz der neurologischen Abteilung einer städtischen Klinik zu verbringen, wo die Drogensüchtigen zusammenkommen, um Metadon zu erhalten, dann weiß man, wir sind an einem Zerreißpunkt angelangt, und der Ernst unserer Lage ist so weitreichend wie nie zuvor.

Wie eine Epidemie am Ende der Inkubationszeit hat das Übel den ganzen Körper der Gesellschaft erfaßt. Es ist oben, es ist unten, es ist innen und außen: es ist überall.

Kürzlich habe ich die Berliner Mauer wiedergesehen: diesen Irrwitz, der sich in der Zeit fortsetzt, während drum herum alles weitergeht, als sei nichts gewesen. Wie nie ging mir auf, daß diese Mauer nur das äußere Zeichen zahlloser anderer Mauern sind, die die Menschen und die Dinge trennen. Die Mauer geht mitten durch uns hindurch, trennt Reiche von Armen, Volk von Völkern, Söhne vom Vater, Mensch vom Menschen, den Menschen von Gott.

Wir sind getrennt, zuinnerst zerspalten, wie die Berliner Mauer die Deutschen zweiteilt, wie Jerusalem gespalten ist zwischen Juden und Arabern, wie der Mensch abgespalten ist vom Kosmos, der ihn umgibt.

Noch steht alles unbewegt, aber alles ist auf dem Sprung, in die Luft zu gehen.

Ja, es sieht wirklich so aus, als ständen wir am Vorabend der Apokalypse ... es sei denn ...

Ich bin nach Speco di Narni heraufgekommen, um ein paar Monate in Einsamkeit zuzubringen. Wieder einmal bin ich dem Ruf der Wüste gefolgt, die für mich immer wie eine Nische der Liebe zum Absoluten war, der Ort, der von der Wahrheit berührt ist. Diese franziskanische Einsamkeit wiegt die Einsamkeit der Dünen von Beni Abbès oder die herbe Wüste von Assekrem auf. Im Grund kommt alles aus derselben Wurzel, denn als Charles de Foucauld die afrikanische Wüste suchte, tat er das gleiche wie Franziskus, als dieser das Schweigen der Carceri auf dem Subasio suchte oder die Schroffheit des Sasso Spicco in der Verna.

Was zählt, ist Gott, und das Schweigen ist die Umgebung, die ihm zunächst liegt.

Ich habe diese Einsiedelei aufgesucht, weil dies ein bevorzugter Ort des heiligen Franziskus ist, wo er sich mehrmals aufhielt. Hier ist alles in eine vollkommene Einheit getaucht. Wald, nackter Stein, Architektur, Armut, Demut, Einfachheit, Schönheit, bilden zusammen ein Meisterwerk, darin sich der franziskanische Geist ausdrückt; für Jahrhunderte ein Beispiel von Frieden, Gebet, Stille, ökologischem Verstand, Schönheit, Sieg des Menschen über die Widersprüche der Zeit.

Betrachtet man diese Einsiedelei und die stillen Menschen, die hier Frieden gefunden haben im Gebet und in der freudig angenommenen Armut, dann hat man die Antwort auf den beängstigenden Zwist, der unsere Gesellschaft zernagt.

Seht nur, sagen uns diese Steine: seht, daß der Frieden möglich ist. Sucht nicht den Luxus, wenn ihr eure Häuser erbaut, sondern das Wesentliche. Dann wandelt sich die Armut in Schönheit und befreiende Harmonie, wie ihr es in dieser Einsiedelei sehen könnt. Schlagt nicht die Wälder, um Industrieanlagen zu errichten, die noch mehr Arbeitslosigkeit und noch mehr Übelstände zur Folge haben, sondern helft den Menschen, sich wieder auf dem Land zurechtzufinden, Geschmack zu finden an handwerklicher, gediegener Arbeit, die Wohltat des Schweigens und des Kontakts mit der Erde und mit dem Himmel zu erleben. Häuft nicht Geld auf, dem die Entwertung und die Räuber nachstellen, sondern haltet die Tür eures Herzens offen für das Gespräch mit dem Bruder und für den Dienst am Armen.

Schändet nicht eure Arbeit damit, daß ihr Gegenstände herstellt, die keine ganze Saison aushalten und so die wenigen Rohstoffe verzehren, die ihr noch habt, sondern macht Eimer wie diesen da, den ihr über diesem Brunnen seht und der seit Jahrhunderten das Wasser heraufzieht und noch in Gebrauch ist.

Ihr redet soviel Schlechtes vom Konsumzwang, um euch den Mund mit Worten vollzustopfen und das schlechte Gewissen zum Schweigen zu bringen: aber ihr bleibt treue Sklaven, phantasielos, unfähig, etwas Neues anzufangen.

Was nun?

Fürchtet euch doch nicht vor dem Bruder, geht ihm waffenlos und versöhnlich entgegen. Er ist ein Mensch wie ihr, braucht Liebe und Vertrauen wie ihr. *Sorgt euch nicht um euer Leben, was ihr essen werdet, noch um euren Leib, was ihr anziehen werdet* (Mt 6,25), seid ruhig, es wird euch nichts fehlen. *Sucht vielmehr zuerst das Reich Gottes und seine Gerechtigkeit und all das wird euch dazugegeben werden ... Jeder Tag hat genug an seiner eigenen Plage* (6,33f).

Die Einsiedelei spricht aus der Stille. Sie spricht und sagt, die Brüderlichkeit ist möglich. Sie sagt, Gott ist Vater, die Geschöpfe sind Brüder und Schwestern, der Friede ist Freude.

Man muß ihn nur wollen. Versucht es, Brüder, versucht es, und ihr werdet sehen, es ist möglich.

Das Evangelium ist wahr.

Jesus ist der Sohn Gottes und rettet den Menschen.

Die Gewaltlosigkeit ist mächtiger und schöpferischer als die Gewalt.

Die Keuschheit ist köstlicher als die Unzucht.

Die Armut ist reizvoller als der Reichtum.

Probiert es euch vorzustellen, daß wir alle Brüder sind. Ein überwältigendes Angebot.

Das Projekt des Franziskus – würden wir es nur anwenden –, es würde uns die atomare Apokalypse ersparen.

Es ist immer so: Gott schlägt den Frieden vor.

Warum sollen wir es nicht versuchen?

Ich Franziskus

Ich bin vor achthundert Jahren in Assisi geboren, und obwohl das ziemlich lange her ist, gibt es immer noch Leute, die an mich denken.

Wie kommt das, daß ich im Gedächtnis der Menschen so lange überlebt habe? Die Antwort gibt mir Jesus im Evangelium, und sie behält auch im Himmel ihre Gültigkeit: „Selig die Sanftmütigen, denn sie werden das Land besitzen."

Ja, ich gebe es zu: ich war sanftmütig, oder zumindest hat es mich gar sehr danach verlangt, und ich habe auch allerhand dafür zu tun versucht, um es zu erreichen.

Wäre ich noch auf der Erde, so würde ich denselben Weg einschlagen, denn die Menschen haben die Gewalttätigkeit satt, und wenn sie auch Schwierigkeiten haben, miteinander in Frieden zu leben, so ersehnen sie es doch im tiefsten Herzen, und instinktiv ziehen sie das Lamm dem Löwen vor.

Mich bewegt es immer, wenn ich denke, daß sich jemand an mich erinnert, Franziskus, Sohn des Pietro Bernardone und der ..., versucht doch den Namen meiner Mutter einzubringen! Den kennen nur wenige, während viele recht gut Bescheid wissen, wer mein Vater war. So ist es immer gewesen, ihr seid nicht besser geworden, seid Antifeministen geblieben! Und dabei verdanke ich viel mehr meiner Mutter, die

Französin war und aus der Provence stammte, sehr schön singen konnte und Assisi mehr liebte als seine Bewohner, denn sie hatte Geschmack.

Ich will es euch sagen: sie hieß Pica, war schön, lieblich und fromm.

Mein Vater hingegen war nicht sehr fromm, lieber als der Glaube war ihm das Geld, das sich in seiner Hand hurtig vermehrte; er war Tuchkaufmann.

Mir sagte das Geld wenig, ich hatte mich ja auch nicht dafür zu plagen brauchen wie mein Vater, der sich ernstlichen Gefahren aussetzte und immer damit rechnen mußte, von Räubern überfallen zu werden, wenn er sich auf seinen Geschäftsreisen, von Geleitzügen bedeckt, nach Frankreich und noch weiter fort begab. Ihr seht, Diebe und Räuber gab es auch damals, und man mußte sich dranhalten, ihnen zu entgehen, und mußte sich auskennen – doch manchmal half auch das nicht.

Ja, das Geld sagte mir recht wenig. Ich hing anderen Werten nach: Schönheit, Gesang, Freundschaft, Ruhm ..., vor allem Ruhm.

Mit den Moneten meines Vaters und dem guten Geschmack meiner Mutter verlebte ich meine Kindheit wie das klassische „enfant gâté", ich gab mich weniger mit Lernen ab als mit Zeitvertreib.

Aber wie hätte ich mich anders verhalten können?

Mein Vater war so sehr erpicht, einen Erben und Stammhalter zu haben, und vor lauter Angst, mich sterben zu sehen, denn dieser sein Sohn war ein wenig schmächtig, vertagte er das Problem meiner Erziehung auf später, als es zu spät war. Und meine Mutter, von sanfter Süße wie die Sonnenuntergänge ihrer provenzalischen Heimat, hielt jede Mühe, jede Anstrengung, jeden Schmerz von mir ab.

Das Ergebnis kann man sich denken!

Meine Eltern hatten mich so gern, und doch hatten sie sich verbündet, aus mir, ihrem Sohn, einen Taugenichts, eine wahre Katastrophe zu machen. Wirklich eine Katastrophe, wenn ich an ihre Pläne denke.

Mein Vater wollte aus mir einen Kaufmann machen, aber ich hatte mich zu gut an das flatterhafte, bequeme Leben gewöhnt und hatte keinerlei Lust, mich in den Läden und auf den Straßen abzuplagen.

Und meine Mutter ... was wollte meine Mutter? Ich weiß noch nicht einmal, was sie wirklich wollte. Sie wollte mich einfach bei sich haben, mit mir zusammen singen, und daß ich ein braver Junge sei. Was das besagen soll, ein braver Junge zu sein, ich glaube, das war ihr selbst nicht klar.

Sicher weiß ich, daß sie sich großen Träumen über mich hingab, und damit war ich auch immer ganz einverstanden. Was hätte man Besseres tun können als träumen, in einem Haus wie dem unsren, umgeben von gutem Geschmack, und wo das Geld rollte und alle Hoffnungen auf mich gesetzt waren – auf einen, der nichts konnte.

Nun, daß ich gar nichts konnte, stimmt nicht ganz: ich konnte singen, mich elegant kleiden, Feste organisieren. Ich hatte mir nach und nach Freunde in Assisi gemacht, und meine Jugend blühte in einer Umgebung, die den Gesang kultivierte, und erlesen gekleidet zu sein, war dort sehr begehrt. Wenn es um feine Brokatstoffe ging, konnte ich ins volle greifen, und so war es mir leicht, Freunde zu gewinnen und die Hauptrolle zu spielen.

Ich wuchs heran, die Pläne, die man mit mir hatte, wurden auch immer größer. Zu dem gewohnten Kehrreim meines Vaters, der mich in seinem Geschäft als Kaufmann sehen wollte, gesellte sich die andere Möglichkeit, die damals auf die gehobenen Familien einen ungeheuren Reiz ausübte: der Waffengebrauch, das kriegerische Leben.

Nicht als wären die Assiser scharf darauf gewesen, sich in den Gefechten durchbohren zu lassen. Für sie waren die Waffen der Ruhm, das leichte Leben, der Übermut. Das kleine Städtchen Assisi hob den Kamm zwischen Perugia und Spoleto, und Waffen brauchte es schon.

Überhaupt waren Waffen groß in Mode: man schwärmte für blitzende Rüstungen, für prächtig aufgezäumte Pferde. Diese kehrten zudem immer von den Schlachten heim, denn dort den Tod zu finden, diesen Gedanken zogen die Adeligen oder die Bürger, die der Mode wegen die Waffen anlegten, gar nicht in Betracht.

Man kehrte heim, um die schimmernde Rüstung beim Maienfest vor den entzückten Blicken der Frauen aufblitzen zu lassen, denn die waren mehr in die Männer vernarrt, die sich so heldisch betätigten. Wer aus den Kämpfen nicht zurückkam, waren die armen Teufel, die man zu dem Zweck aus den Gefängnissen geholt und aufs Schlachtfeld geschickt hatte. Jedenfalls die einfachen Leute, die daran glaubten, die schlecht ausgerüstet sich dem Feind stellten, seit langem im Leiden geübt.

Daß aus mir kein Kaufmann zu machen sei, war inzwischen allen klar. Meine Mutter stand zu mir und fing die letzten Geschützsalven meines Vaters ab, der seine Träume endgültig zerronnen sah und sich über die Zukunft seines gutgehenden Tuchgeschäfts Gedanken machte.

Mehr und mehr ließen sich im Haus Stücke einer

Waffenrüstung sehen, Harnische, Degen, und sonstiger Zubehör.

Die zugespitzte politische Lage tat das ihrige dazu.

Lothar Graf von Segni war zum Papst gewählt worden – er nannte sich Innozenz III. –, und drei Monate danach, im Frühjahr 1198, hatte das Volk von Assisi die Rocca gestürmt, in deren Besitzrechte der Papst verwickelt war. Für die Bewohner von Assisi war die Festung das Symbol kaiserlicher Herrschaft, und sie ließen keinen Stein auf dem andern.

Die Sache wurde ernst, und Perugia bereitete sich vor, Assisi für seine Frechheit eine Lektion zu erteilen.

Die Lektion kam tatsächlich und ging schlecht aus für Assisi: wir wurden geschlagen.

Ich sage wir, weil ich in der Schlacht dabei war, angespornt hinauszuziehen unter den bewundernden Blicken meiner Freunde und auch angespornt vom Lächeln meiner Mutter.

Mein Vater hatte mir einen schiefen Blick zugeworfen, und er sagte bloß: „Gib acht, du bist ein Leichtfuß und Träumer."

Ja, ich gab acht. In Collestrada, wo es zum Gefecht mit den Peruginern kam, kreuzte ich den Degen mit keinem und endete dort, wo diese Typen zu enden pflegen, die nicht allzuviel von kriegerischem Geist besitzen: in der Gefangenschaft. Das behagte mir nicht besonders, auch wenn ich im Grunde meinem Vater gehorcht hatte, der mich hieß achtzugeben.

Die Ruhmbegierde in mir hatte einen Schlag ins Gesicht bekommen. Gefangen zu sein: wie demütigend!

Im Lauf dieses Jahres der Gefangenschaft in Perugia begriff ich, daß das Kriegshandwerk nicht gerade meine Sache sei, aber ich wußte sonst nichts anzufangen. Was blieb für mich, wenn ich mich zum Kaufmannsberuf nicht verstehen konnte und wenn die Waffen, die richtigen, die Blut fließen lassen, nicht für mich gemacht waren, mich verträumten Burschen?

Es war ein trauriges Jahr. Die Gefangenschaft war drückend, obwohl es meinen Angehörigen gelungen war, mir durch Freunde in Perugia Nachrichten und Lebensmittel zukommen zu lassen.

Ich wurde krank. Ich verbrachte Tage und Nächte mit Grübeln; auf mich selbst zurückgeworfen, blickte ich in den Abgrund meiner armseligen Wirklichkeit und versank in Melancholie. Noch nie war ich so traurig. Und ich glaube, das war es auch, was mich krank gemacht hat.

Ich, der ich später die Freude kennenlernte, die wahre Lebensfreude, muß sagen, daß ich damals die ganze Melancholie ausgekostet habe, zu der ein junger Mensch fähig ist, der nicht weiß, welche Wand er mit dem Kopf einrennen und wozu er sich entschließen soll. Man bringt sich fast dabei um.

Mir war es zum Ersticken! Der Explosivstoff meines Lebens brodelte unter der dicken Kruste des Zweifels, des Mangels an Glauben, an Hoffnung, an Liebe.

Ich muß auf die Peruginer einen so mitleiderregenden Eindruck gemacht haben mit meiner Stummheit, mit meinem leeren Blick, daß sie mich gerne nach Assisi heimließen, vielleicht sagten sie sich: dieser Tropf wird unserer Stadt nie gefährlich werden.

Nach Assisi heimgekehrt, wurde ich von Kopf bis Fuß von meiner Mutter in Besitz genommen, die glücklich war, daß ich wieder bei ihr daheim, vielleicht sogar, daß ich krank war.

O die Mütter!

Die zärtliche Aufmerksamkeit meiner Mutter und die Sonne von Assisi gewannen allmählich die Oberhand und ich genas von meiner Krankheit. Als mir langsam die Kräfte wiederkamen, merkte ich, daß ich mich verändert hatte, sehr verändert. Der Schmerz hatte dort gegraben, wo eine falsche Erziehung durch Nachgiebigkeit und Schwäche das Erdreich bloß verhärtet hatten.

Ich begriff, daß die lange Krankheit im Grunde eine Gnade gewesen war. Sie hatte als Pflug gedient, der den Boden aufreißt, umbricht und das Aufsprossen des Frühlings möglich macht.

Jedenfalls hatte mir die Krankheit die vielen Sicherheiten, an denen ich mich bis dahin festhielt, weggenommen, und mir neue Augen gegeben. Statt meiner früheren Sicherheiten bekam ich die bittere Armut des kleinen, schwachen, gefährdeten, kranken Menschen zu schmecken, der nur in der Demut den Weg der Wahrheit und der Liebe finden kann.

Was mich am meisten beeindruckte, war die neue Art, mit der ich die Dinge sah. Mir war, als hätte ich vorher nichts gesehen, und ich verstand die Psalmworte: *Sie haben Augen und sehen nicht.*

Das traf mich.

Jetzt war es anders, jetzt sah ich die Sonne, den Mond, die Erde, die Brunnen, die Blumen ... vorher nicht. Sie waren eben dagewesen, wie es sich gehörte, sie dekorierten die Landschaft. Ich sah wohl hin, aber wie man zu einem Fremden hinschaut.

Nun sprachen sie zu mir, ich fühlte sie mir nahe, liebte sie, und sie bewegten mir das Herz.

Wahrhaftig, die Sonnenuntergänge ergriffen mich zu Tränen, und ich weinte beim Anblick der Felder voll Mohn- und Kornblumen. Alles erschien mir neu, immer neuer, und das Licht, das mir in die Augen strömte, verwandelte sich im Herzen zu Freude.

Ich glaube, meine ersten wirklichen Gebete kamen in jener Zeit zuwege, auch wenn ich früher oftmals mit meiner Mutter gebetet habe. Auf jeden Fall stammt aus jener Zeit mein Bedürfnis, Dank zu sagen.

Dank dem Himmel,
Dank der Erde,
Dank dem Leben,
Dank an ...Gott,
Gott!

Wer war Gott für mich?

Schwer zu sagen.

Ich Franziskus, Sohn dieses umbrischen Landes, hatte Gott eingeatmet gemeinsam mit all meinen Landsleuten seit jeher. Er war für mich eins mit der Anmut unserer Olivenhaine, mit der verblüffenden Schönheit unserer Ortschaften, mit dem alles überflutenden Licht, so wonnig und so bestrickend!

Wie ist es möglich, in einem so schönen, so harmonischen, so anmutsvollen Land geboren zu sein und nicht im Grund von alldem die Anwesenheit Gottes zu spüren? Nein, das ist nicht möglich. Meine Landsleute glaubten an Gott, ich glaubte an Gott.

Doch halt, was war Gott für uns?

Was war Gott für mich?

Wie soll ich das erklären?

Was ich sofort und in aller Klarheit sagen kann, ist, daß jetzt mit Macht in mich einbrach, was vorher diffus Gott für mich gewesen war. Jener Hauch von Gott aus meiner umbrischen Kindheit wurde zu einem persönlichen Wesen, das immer näher und näher kam und mit mir zu sprechen anfing durch all diese staunenerregenden Zeichen, die er am Himmel und auf der Erde aufgestellt hat; sie heißen: Geschöpfe.

Ich verstand, daß er mich suchte und vor sich her diese wundervollen Boten, die Geschöpfe, sandte. Ich fühlte, er wollte mir mir reden. Unwillkürlich fragte ich ständig: „Was willst du, Herr, daß ich tue?"

Dieser Satz kam mir immer wieder, auch als ich später in Spoleto bei meinem letzten unglücklichen Versuch, mich dem Kriegsberuf zu widmen, bei einem stillen Besinnen die Worte vernahm: „Franziskus, wer ist dir mehr wert, der Knecht oder der Herr?" und zur Antwort gab: der Herr, fügte ich sogleich hinzu: „Was willst du, Herr, daß ich tue?"

Der Arme kann dich retten

Reicher satter Bürger, der ich war, hätte ich nie gedacht, daß die Armen mich einmal retten würden.

Von meiner Mutter hatte ich die Gewohnheit, regelmäßig zur Kirche zu gehen, und ich war immer der Meinung, wir Reichen und Wohlanständigen seien die Rettung der Armen. Sie sind von uns und unserer Großmut abhängig und wären ohne uns verloren.

So blind waren wir ... war ich.

Das Gegenteil ist wahr, ich habe es zu spüren bekommen.

Die Armen haben mich gerettet, nicht ich die Armen. Sie haben mich wieder auf die Füße gestellt. Nach meiner langen Krankheit, die, wie ich schon erzählte, mir neue Augen gegeben hat, sind die Armen mit Wucht in mein Leben eingetreten. Sie zogen mich an, sie erzogen mich. Ich nahm sie jetzt erst wirklich wahr und sah sie überall. Auf den Stufen vor den Kirchen, an den Haustüren, auf den Straßen, in den Unterkünften, in den Scheunen, in der Stadt und auf dem Land: allenthalben.

Wenn ihr bedenkt, daß es zu meiner Zeit noch keine Altersheime gab und daß die soziale Fürsorge noch ein Zukunftstraum war, könnt ihr euch die Folgen vorstellen.

Ein Arbeiter, der aus Alter oder Krankheit nicht mehr konnte, lag auf der Straße. Das Bettelwesen nahm überhand, und die Gesellschaft war von einer Plage verheert, gegen die weder Staat noch Kirche ankamen: die Plage des Elends.

Die Armen waren auf die Mildtätigkeit frommer Christen angewiesen und auf die öffentlichen Almosen, die man ihnen aus Gnade gewährte oder auch nicht.

Königinnen fügten eine Perle in ihre Krone, wenn sie sich Werken der Barmherzigkeit widmeten, und adelige Familien fanden im Armen das erwünschte Element, an dem sie Herablassung, Paternalismus oder im besten Fall echte Nächstenliebe demonstrieren konnten.

Es gab kein Landhaus, das nicht einen Winkel in der Scheune für bettelarme Landstreicher zur Verfügung hielt, keine christliche Dame, die nicht Brot und Suppe für die Hungerleider übrig hatte, die in Christi Namen Almosen heischten, um ihr Leben zu fristen.

Meine Mutter war auch immer gut zu den Armen und gab reichlich. Bei uns zu Hause hatte ich immer viele Arme gesehen.

Aber wie gesagt, seit mir das Leben wiedergeschenkt war, sah ich die Dinge mit neuen Augen, und da erschienen mir auch die Armen in neuem Licht, sie ganz besonders. Und sie haben mich gerettet, muß ich euch sagen, sie haben mich aus der Höhle meines Egoismus gezogen. Bei ihrem Anblick gewann ich wieder Lebenskraft, weil ich in ihnen mein Morgen, meine Berufung fand und froh wurde, etwas Brauchbares in meinem Leben zu tun.

Außerdem erzogen mich die Armen in Geduld, die ich nicht hatte, zur Buße, die ich nicht kannte. Gar nicht zu reden von der Fügsamkeit, der Feinheit im

Empfangen, von der Hoffnung auf morgen, vom Mut, weiterzustapfen.

Aber allem voran öffneten sie mir das Herz für das Verstehen ... nein, ich sage es euch noch nicht, später werde ich euch den Namen dessen sagen, den sie mich entdecken ließen, habt noch ein wenig Geduld ...

Die Entdeckung des Armen machte mich zu einem Erzdieb, woran meine Unüberlegtheit und meine etwas infantile Radikalität ihren Anteil hatten.

Klauen war zu meiner Lieblingsbetätigung geworden. Ich kann euch nicht sagen, was ich in jener Zeit zu Hause zusammengeklaut habe! Keine Schublade, kein Stoffrest war in Sicherheit. Ich nahm, schnitt ab, ging los ...

Mit unbändiger Freude im Herzen kam ich zurück, aber auch die Furcht, von meinen Eltern gescholten zu werden, stieg immer höher.

Es war unübersehbar!

Meine Mutter ließ mich machen. Mein Vater weniger, erst recht als ihm aufging, welche Wendung es mit seinem Sohn Franziskus genommen hatte, den er für urteilslos und überspannt hielt. Er fing an sich zu wehren und seine Magazine zu verteidigen.

Zum erstenmal hatte ich meinen Vater verärgert, als ich meine Abneigung kundtat, Kaufmann zu werden; den zweiten, schlimmeren Ärger bereitete ich ihm, als ich ihm den Laden plünderte.

Wir gerieten aneinander, weil ich übertrieb und ein Dickkopf war, er indes war geizig, hart und fing leider an, gegen mich Widerwillen zu empfinden. Die Sache bedrückte meine so gütige sanfte Mutter, die gern beide Augen zudrückte vor meinen Diebstählen. Oft und oft sagte sie zu meinem Vater: Hab Geduld, laß ihn machen, er ist noch krank ...

Aber ich war nicht mehr krank, ich war geheilt und wie geheilt!

Nie fühlte ich mich so heil und gesund wie jetzt, da ich das Gesetz der kommunizierenden Röhren entdeckt hatte und ganz Assisi verkauft hätte, um den Armen zu helfen.

Das Gesetz der kommunizierenden Röhren ist die erste Entdeckung, die man macht, wenn man die Armut ringsum ins Bewußtsein genommen hat.

Wo die Kommunikation nicht unterbrochen ist, stellt sich der Ausgleich von selbst her. Wenn die Politiker bloß daran dächten ...

Ein Kindskopf wie ich es war macht auch Fehler beim ungestümen Ausgleichen, wie ich damals, als ich stahl und das für recht hielt, ohne kanonisches Recht im Rücken, ach ja ...

Wer ernsthaft und behäbig war, behäbig wie mein Vater, sah die Sachen ein wenig anders.

Ich gebe zu, daß mein bizarrer Charakter nicht angetan war, die Dinge einzurenken, und mein Vater war zu stolz, auch nur die Vermutung gelten zu lassen, sein Sohn sei verrückt geworden.

Aber das dachten nicht wenige, weil ich mich so seltsam benahm.

Das erboste meinen Vater am meisten. Mehr als die Wunden, die sein Geiz durch meine Verschwendung erlitt, zerriß ihn das Grinsen der Nachbarn, das Gemunkel, Franziskus, der Sohn des Pietro Bernardone, sei übergeschnappt; und das glaubte bald jedermann, denn wenn du dich ernstlich aufmachst, Christus und seinem Evangelium zu folgen, erklären dich die Leute für verrückt, kaum daß du dich von ihrer Lebensart absetzt. Und zu diesen ach so normalen Leuten, die dich belächeln, gehören gerade auch die fleißigen Kirchgänger, die nämlich, die alle Gewissensprobleme im vorweg gelöst haben, indem sie sich in gleichem Abstand zwischen Himmel und Erde halten, zwischen dem Genießen dessen, was „hienieden" zu haben ist, und der für „oben" abgeschlossenen Versicherung.

Da ich in meinem Überschwang so weit ging, mich schlecht zu kleiden und mich in Lumpen zu hüllen, konnte es nicht ausbleiben, daß man hinter mir her Faxen schnitt und mitunter auch Steine warf, was so viel bedeutete, wie daß ich von der öffentlichen Meinung verworfen sei und bald auch aus der Gemeinschaft der achtbaren Leute ausgestoßen würde. In der Tat: wenn mein Vater sich hinreißen ließ, mich beim Bischof zu verklagen, war es nicht so sehr wegen des Geldes, es war, weil er fürchtete, eine schlechte Figur zu machen vor den Augen der Öffentlichkeit.

Und da wir nun vor aller Öffentlichkeit unsere Rolle zu spielen hatten, sagte ich auch die meine auf und wurde vom Herrn inspiriert, jene grausame, aber klare, evangelische Geste zu tun.

Ich zog mich nackt aus, warf meine Kleider dem Vater zu, von dem ich sie hatte, und sagte: „Von jetzt an nenne ich mich nicht mehr Franziskus Sohn des Pietro Bernardone, sondern Franziskus Sohn des Vaters im Himmel."

So ohne Umstände!

Ich empfand es schon, daß ich grausam zu meinem Vater war, aber ich empfand auch, daß das Evangelium nicht gelebt wurde und daß man die Armen nicht ernst nahm.

Ja, ich war grausam, aber ich war jung, unreif, und Armut war für mich damals noch im ersten Stadium des Bewußtwerdens dessen, was ihr heute soziale Gerechtigkeit nennt.

Wenn ich den Bürgern meine Lumpen ins Gesicht warf, wollte ich im Grunde sagen: Seht ihr nicht, daß ihr die Diebe seid. Ihr habt eure Mitbürger ins Elend hinabgedrängt. Du Pietro Bernardone bist reich geworden, weil du deinen Arbeitern den letzten Schweißtropfen ausgepreßt hast, du lebst und gedeihst von den Tränen deiner alten Dienstleute, die jetzt arbeitslos und gebrechlich sind und vor den Kirchen Assisis um Almosen betteln.

Wie wahr und schön habe ich mich gefühlt, so nackt vor dem Bischof! Ich frage mich heute noch manchmal, wer mir die Kraft zu einem solchen Streich gegeben hat, ein solches Zeichen zu setzen, das wie ein Riß durch die Heuchelei und Rhetorik der sogenannten „guten Menschen" lief.

Ich weiß nicht, war es aus Schamgefühl oder aus Liebe, daß mir der Bischof seinen Mantel umlegte. Ich denke, aus Liebe, denn er hatte mich gern und versuchte mich zu verstehen.

Sicher ist, daß ich mich in diesem Augenblick als Vertreter aller Armen der Kirche der Armen fühlte. Und es fröstelte mich ein wenig in dem Mantel, vielleicht weil er zu üppig, zu schwer von unnützem Zierat war.

Der arme Gott

Seit mir die Augen aufgegangen waren für die Schönheit des Geschaffenen und für das befreiende Leiden der Armen, empfand ich das Bedürfnis nach Stille und Gebet.

In der Umgebung Assisis fehlte es nicht an stillen Plätzen, wo man in Einsamkeit beten konnte. Ich brauchte nur auf den mit Wäldern bedeckten Subiaso zu steigen oder drunten Richtung Rivo Torto durch die Wiesen zu gehen, um ganz allein und ungestört zu beten und zu weinen.

Ich hatte mir ein Einsiedlergewand angelegt, das mir das Gefühl der Loslösung und der vollen Freiheit gab, und barfuß lief ich durch die Wiesen mit der Freude im Leib, die Gott in mir aufkeimen ließ. Es war im Herbst 1205, und die Blätter der Eichen, der Eschen, der Weißbuchen und der Erlen färbten sich leuchtend rot und gelb und ließen mich übermächtig erleben, daß ich in einer wundervollen Landschaft geboren und gerade dazu geschaffen sei, Gott anzubeten, den ich seit damals „meinen höchsten Herrn" zu nennen pflegte.

Richtung Rivo Torto gab es einen Ort, der mir besonders lieb war; in einer schönen grasigen Lichtung stand da ein seltsam eindrucksvolles Kirchlein, arm und einfach aus rohen Steinen gefügt, in absoluter Stille. Es hieß San Damiano und entsprach genau meinem Geschmack als Liebhaber nicht nur der armen Leute sondern auch armer Kirchen.

In dieses Kirchlein zog ich mich öfters zum Beten zurück. Und während ich dort auf dem Boden saß oder kniete, fiel mir auf, daß in den Mauern und an der Decke erhebliche Risse klafften. Die Kirche war am Zerfallen.

Im gotischen Bogen über dem Altar hing ein ergreifendes Kruzifix, in byzantinischem Stil auf Holz gemalt, und was zu mir sprach und mich berührte, war die große Nacktheit Jesu und sein Blick, der aus zwei unfaßbar demütigen und milden Augen kam.

Ich verbrachte dort Stunden mit Schauen, mit Beten und Weinen. Ich weinte so sehr, daß ich mich vor mir selbst schämte und zu mir sagte: „Franziskus, bist du denn ein kleines Mädchen!" Aber ich weinte immer noch, und die Tränen taten mir gut.

Eines Tages, als ich wieder das Kruzifix betrachtete, hatte ich den deutlichen Eindruck, als bewegten sich die Lippen des Gekreuzigten, und gleichzeitig hörte ich eine Stimme, die zu mir sprach: „Franziskus, sieh doch, wie mein Haus zerfällt, stell es mir wieder her."[1]

[1] Jetzt möchte ich aber nicht, daß ihr euch festfahrt in dieser Sache mit den Lippen, die ich sich bewegen sah, und mit der Stimme, die meine Ohren vernahmen. Heute verstehe ich mich besser darauf, und ich kann es euch sagen, damit ihr jederart Schwärmerei und Aberglauben sein laßt und vielmehr alles im Glauben annehmt.

In Wirklichkeit bewegen sich die Lippen eines auf Holz gemalten Christus nicht. Wenn in diesem Augenblick mein Vater Pietro Bernardone neben mir gestanden wäre, mit seinem soliden guten Menschenverstand, er hätte nichts gesehen und vor allem nichts gehört.

Ich sah und ich hörte, weil ich im Glauben sah und hörte. Niemand kann ausforschen, wie dieses Phänomen an der Grenze des

Ich kann euch nicht sagen, wie stark ich erschüttert war. Es war mir wie eine Botschaft, die mich aus einer unsichtbaren Welt erreichte und die eine lange Periode von Zaudern, Anläufen und Versuchen besiegelte. Ein unendliches Wohlgefühl durchfloß mich, und ich ging hin, das Kruzifix zu küssen. Ich war allein und hatte keine Angst, auf den Altar zu springen und Jesus mit allem, was ich war, zu umfassen.

Ich weiß nicht, wie lange ich da oben blieb.

Immer wieder, zwischen Tränen und Seufzern, küßte ich ihn: bald auf die Hände, bald auf die Wunden der Füße und Seite, und meine Hand streichelte ihn sanft in lauter Liebe.

In jener Stunde hat mich das Geheimnis der Inkarnation Christi wie ein Blitz getroffen.

Waren es die Armen, die mir den Stoß gaben, aufzustehen vom Boden und mich auf den Weg zu machen, so wurde das Begreifen der Menschwerdung

Menschlichen und Göttlichen zustande kommt. Man weiß nur dies, daß es sich voll und ganz im Glauben, in der Hoffnung und in der Liebe zuträgt und daß es absolut persönlich ist.

Gott stattet unseren Glauben mit Visionen, Erleuchtungen, Stimmen aus, um uns zu helfen und uns eine Brücke zu bauen. Aber die Brücke ist nur im Glauben begehbar. Nur im Glauben sah Abraham den Engel, sah Jakob die Leiter, die sich an den Himmel lehnte. Nur in der Hoffnung sah Mose den Dornbusch brennen, und nur in der Liebe verstand Josef den Traum, der ihn hieß, Maria zu sich zu nehmen.

Aber von außen gesehen gibt es da nichts zu sehen.

Als Bernadette die Erscheinung Marias in der Grotte von Lourdes sah, standen tausende von Menschen um sie herum, die rein gar nichts sahen.

Was zählt und was der Verbindung mit dem Göttlichen Wert verleiht und was das Mittel ist, mit dem Gott zum Menschen spricht, das ist der Glaube.

Gottes für mich die einzige Antwort auf alle Fragen, die ich mir bis dahin in meinem Leben gestellt hatte.

In Jesus war alles zusammengefaßt. In ihm verbanden Himmel und Erde alle Widersprüche zu einer staunenerregenden, lebendigen, göttlichen Einheit, die alle Sehnsüchte des Menschen stillt.

Seit diesem Augenblick in San Damiano fühlte ich mich in Christus verwirklicht, verstanden, gedeutet und mehr als all das: glücklich.

Das Kreuz Jesu war die Seligkeit des Menschen, die Antwort der Liebe auf jedes Warum, das Zusammenfinden alles Zwieträchtigen, die Überwindung aller Spannungen, der Sieg Gottes über den Tod.

Wenn der Sohn Gottes am Kreuz gestorben war, so war ich gerettet. Alle Traurigkeit mußte verbannt werden.

Jeder von uns war frei,
jeder Arme war reich,
jedes Herz war getröstet,
jeder Plan war möglich.

Ich kletterte vom Altar herunter und fing an mit nackten Füßen auf dem Fußboden von San Damiano zu tanzen. Ich fühlte mich wie ein vor Freude und Leben toll gewordener Spielmann.

Ich sang, lachte, weinte, rollte mich auf dem Boden, wie wenn der göttliche Adler mich am Herzen gepackt hätte, so daß ich das Glück, das aus diesem Zugriff der Liebe hervorquoll, nicht einfassen konnte.

Ich weiß nicht, wie lange ich in diesem Zustand blieb, so außer mir vor Freude. Irgendwann fand ich mich vor einer handbreiten Mauerspalte, und da erinnerte ich mich an die Worte, die Jesus zu mir gesagt hatte: Franziskus, stell mein Haus wieder her.

Ich bin kein Maurer, nie im Leben hatte ich gearbeitet. Aber ich versichere euch, in diesem Augenblick fühlte ich mich imstande, eine ganze Kirche zu errichten, so groß wie die Kathedrale San Ruffino.

Stellt euch vor, San Damiano!

Ich lief hinaus und fing an, Steine zu sammeln, vorzugsweise viereckig behauene. Jäh mußte ich unterbrechen, weil ein wutschnaubender Mensch auf mich losging und brüllte: „Die Steine kosten Geld, und die da gehören mir! Pack dich und such sie dir anderswo!"

Die Schelte wegen meines gewohnten Lasters, für Gott zu stehlen, vermochte mir nicht die Freude zu ertöten, die in mir sprudelte und mir sogar meine Hände schmerzunempfindlich machte, zart wie sie waren und nun ganz zerschunden von der Arbeit, denn ich schaffte drauflos ohne Maß und Schonung.

Ich beschloß, nach Assisi zu gehen und um Steine zu betteln.

Mein Ansehen als ehrenwerte Person war schon etliche Zeit angeknackt, aber bei dieser Sammelaktion ging es vollends in die Brüche.

Schau mal an, was dem Sohn des Pietro Bernardone eingefallen ist!

Er ist wirklich verrückt geworden!

Ja, meine Freunde von Assisi, ja, ich bin verrückt geworden.

Aber wenn ihr wüßtet wie! Ich bin verrückt vor Liebe.

Ich kann nicht mehr an mich halten. Nicht stillhalten. Ich brauche nur jenen Jesus vor Augen zu haben, und schon glühe ich bis in die Eingeweide.

Wißt ihr denn nicht, daß er Gottes Sohn ist, mein allmächtiger Herr? Und wißt ihr nicht, daß er Mensch geworden ist und nicht genug damit, daß er sich arm gemacht hat, arm, arm!

Schaut ihn doch an, wie er arm ist! Er hat nichts mehr an!

Er, der Schöpfer des Himmels und der Erde, er selbst ist zu uns gekommen.

Er hat nicht einen anderen geschickt, er kam selbst.

Er hat sich keine Empfehlungen von den Machthabern geben lassen, er hat nichts mitgebracht, um es bequemer zu haben.

Er hat sich nicht ins Panzerhemd seiner Macht und seiner Gottheit gehüllt, sondern hat das Leben angenommen wie der letzte von uns.

Er war Gott und war unter uns der Arme, der Schwache, der Verwundete, der Verleumdete, der Gefangene, der zum Tod Verurteilte!

Habt Mitleid, Männer von Assisi, gebt mir ein paar Steine, denn ich muß die Kirche Gottes wiederherstellen.

Und dann lief ich, rannte ich nach San Damiano.

Ich konnte von diesem Ort, von diesem Kruzifix nicht lange fortbleiben. Ich gedachte hier zu wohnen, immer hier zu bleiben, und von Almosen und meiner Hände Arbeit zu leben. Dem Priester, der das Kirchlein betreute, sagte ich, er solle die Lampe vor dem Kruzifix nie erlöschen lassen, und ich verpflichtete mich, das nötige Öl zu beschaffen.

In meinem Überschwang hätte ich am liebsten auch noch mein Blut angeboten – wenn es brennbar gewesen wäre –, nur um das Licht vor jenem Kruzifix flackern zu sehn, das mir das Geheimnis des ganzen Universums erklärt und mir geholfen hatte, in die Wahrheit Christi und der unsichtbaren Dinge einzutreten.

Das Geheimnis der Armut

Das Kruzifix von San Damiano hatte mir etwas ungeheuer Wichtiges enthüllt, was ich nie vergessen wollte und was mir mein Leben lang den Weg wies.

Die Armut bestand nicht darin, den Armen zu helfen, sondern darin, arm zu sein.

Den Armen helfen war ein selbstverständlicher Ausdruck der Nächstenliebe, aber arm sein war etwas anderes.

Jesus ist arm gewesen.

Ich, Franziskus, wollte arm sein.

Was das bedeuten würde, begann ich zu erkennen, wenn ich die Armen anschaute und wenn ich Jesus anschaute. Arm sein hieß nichts haben oder fast nichts, hieß keine Reichtümer besitzen, keine Sachwerte, kein Geld, keine Sicherheiten, gerade wie die Armen, gerade wie Jesus. Und das war nicht alles: es war nur das äußere, sichtbare Zeichen der Armut.

Die wahre Armut ging auf den Grund der Dinge und berührte den Geist. Hat nicht Jesus gesagt: „Selig die Armen im Geist, denn ihrer ist das Himmelreich."

Wie zogen mich diese Worte an! Wie suchte ich sie zu ergründen!

Selig die Armen im Geist.

Soll das nicht heißen, die Armen sind nicht alle gleich? Wollte Jesus nicht damit sagen, es gibt Arme im Geist und Arme ... schlechthin Arme.

Tatsächlich, wenn ich an die Armen dachte, die mir in meinem Leben begegnet waren, besonders in der letzten Zeit, ging mir auf, daß es Arme gab, die nur arm waren, die sehr traurig waren, oft erbittert und bestimmt nicht selig.

Und dann – ich erinnerte mich ganz deutlich – gab es auch selige Arme. Arme, die ihre Armut wie ein schönes Kleid trugen.

Arme, die von Gottes Führung überzeugt, von seiner Gegenwart aufgerichtet waren.

Arme, die der Liebe fähig waren trotz der erlittenen Quälereien, die geduldig waren in den Prüfungen, reich an Hoffnung, stark in der Bedrängnis.

Arme, die selig waren, weil sie tagtäglich bezeugen konnten, Gott war in ihrem Leben gegenwärtig und sorgte für sie wie für die Vögel des Himmels, die keine Scheune besitzen.

Das berührte mich tief.

Mir selbst und anderen Menschen bezeugen zu können, daß Gott allein mir genügte und daß ich mich um nichts zu sorgen brauchte, um rein gar nichts, wie „die Lilien auf dem Feld, die nicht spinnen und nicht weben, und doch ist nicht einmal Salomon gekleidet wie sie".

Die Vorstellung, von Gott selbst genährt, gekleidet, geführt zu werden, bestrickte mich, und keine Macht der Welt hätte mich davon abbringen können. Auch nur ein paar Pfennige auf die Seite zu tun, eine Speisekammer zu halten, ein Haus zu kaufen wäre für mich ein Mangel an Vertrauen zu meinem Herrn gewesen.

Nicht als ob ich diese Lebensweise von allen Menschen verlangt hätte, von meinem Vater zum Beispiel. Ich wußte, das war unmöglich, und das Staatswesen hat andere Gesetze, die es zusammenhalten, die Menschen haben verschiedene Berufungen.

Von mir verlangte ich es, da ich Zeuge der Liebe Gottes sein wollte, und ich würde es von denen verlangen, die mir folgen würden.

In der Tat kam mir seit einiger Zeit der Gedanke und der Wunsch auf, daß andere sich meiner Lebensweise anschließen würden, und ich träumte davon, Gefährten zu haben, mit denen ich den Glauben teilen und das Lob des Allerhöchsten, meines Herrn, des Herrn unseres Lebens, zu singen.

So sah ich den gottgeweihten Menschen, als einen, der alles zurückgelassen hatte, um Jesus zu folgen und auf den Straßen der Welt ein Zeuge des unsichtbaren Gottes zu sein.

Arm sein zu wollen war also nicht eine soziale, politische, sondern eine mystische Wahl.

Zu meiner Zeit fehlte es nicht an sozialen Kämpfen, und das Murren im Volk gegen die Ungerechtigkeiten war unüberhörbar. Die Bauern lagen in ständigem Streit mit den Grundbesitzern, und die freien Kommunen wie Assisi stießen sich an den Einmischungen der Feudalherren und an der Übermacht der Großen.

Es war recht, sich zu wehren, und man wehrte sich, wo man konnte.

Seit Adams Zeiten kämpft sich der Mensch durch zu seiner Befreiung, und des Kämpfens ist kein Ende, und es nimmt den ganzen Menschen in Anspruch, ist er doch für die Gerechtigkeit und für das Erlangen der ganzen Wahrheit und der vollkommenen Liebe geschaffen.

Aber die Seligkeit ist noch etwas anderes.

Als ich, Franziskus, den Ruf des Evangeliums vernahm, fühlte ich mich nicht aufgerufen, in Assisi eine politische Macht zu organisieren.

Ich bin aus Liebe gegangen, einfach vom Evangelium getrieben, ohne mich gegen die Reichen aufzupflanzen, ohne mit denen zu zanken, die reich blieben, ohne Klassenhaß, ganz gewiß ohne Klassenhaß.

Ich habe zu den Armen nicht gesagt, kommt mit, wir müssen Forderungen stellen, für Lohnerhöhung kämpfen, sondern nur: selig sind wir, auch wenn wir getreten, verfolgt oder getötet werden. Vom Evangelium lernte ich auf das Geheimnis des Menschen zu achten, mehr als auf den Einsatz für seine Rechte und Pflichten.

Davon, von diesem Einsatz, verstand ich wenig. Doch verstand ich, und wie, gerade weil ich ein lustiges Leben geführt hatte, daß das Lächeln eines Armen, eines Leidenden, eines Kranken ein erschütterndes Zeichen war: ich las darin, Gott existiert, Gott hilft dem Armen in seiner Not.

Der soziale Kampf war zu meinen Lebzeiten zäh und erbittert, gar nicht viel anders als ihr ihn erlebt. An allen Ecken schossen Gruppen armer Gesellen aus dem Boden, die über die Armut der Kirche und die Erneuerung der Gesellschaft predigten, aber die Dinge änderten sich nicht, weil sich die Herzen nicht änderten.

Wurde ein Armer, ein Aufwiegler reich, so wurde er anmaßend wie die Reichen und vergaß seine ehemaligen Elendsgenossen.

Ja, so ging das damals, so geht es auch euch.

Revolutionäre, die sich für die Befreiung der Arbeiter schlagen: kaum daß sie selbst Staat, Macht, Vermögen werden, feuern sie auf die anderen Arbeiter, die anders denken und sich ausgenützt fühlen.

Nein, Brüder, Gesetze ändern genügt nicht, die Herzen müssen sich ändern, sonst findet ihr, am Ziel eures sozialen Einsatzes angelangt, alles wie gehabt: Machthaber, Reiche, Ausbeuter der übriggebliebenen Armen.

Darum habe ich meinen Weg eingeschlagen, den Weg des Evangeliums. Für mich war die Armut das Zeichen der Befreiung, aber der wahren, der Befreiung der Herzen, sie war Mittel und Antrieb, mich herauszuziehen aus dem Spießergeist der Bürger, der in keiner Epoche fehlt und sich zusammensetzt aus Egoismus, Anmaßung, Hochmut, Lüsternheit, Götzendienst, Knechtschaft.

Ich wußte davon ein Lied zu singen.

Ich wußte, was es bedeutet, reich zu sein, ich kannte die Gefahr, die ein bequemes, genießerisches Leben mit sich bringt, und als in meinem Ohr der Lukas-Text ertönte: „Wehe euch Reichen", bekam ich Gänsehaut. Ich begriff, daß ich in tödlicher Gefahr schwebte, solange ich die Götzen werthielt, von denen mein Elternhaus voll war, und daß sie mich in Ketten gelegt hätten, wäre ich ihnen nicht entschlüpft.

Nicht als hätte ich nicht die Verpflichtung gewürdigt, einen Staat oder eine Stadt maßgeblich mitzugestalten, ich verstand es, aber ich suchte darüber hinauszugehen.

Ihr mögt mich tadeln, tut es nur. Aber ich sah im Evangelium das Weitergehen, das Hinausgehen über alle Kulturen, über alle menschlichen Konstruktionen und Zivilisationen. Das Evangelium empfand ich als ewig, Kultur und Politik empfand ich als zeitlich.

Ich war immer geneigt, über die Zeit hinauszugehen.

Das Evangelium ist die Torheit eines Gottes, der immer verliert und der sich kreuzigen läßt, um die Menschen zu retten.

Das Evangelium ist die Torheit der Menschen, die auf die Seligpreisungen lauschen, auch in Betrübnis, Not und Verfolgung.

Das hatte ich begriffen. Mir war klar geworden, daß die klugen und ausgeglichenen Menschen mich zugrunde gerichtet hätten, und so rief ich die Torheit um Hilfe an. Und ich war froh, die wahre Torheit gefunden zu haben, die Torheit, die rettet: das Evangelium.

Aber es gab noch anderes zu lernen, und so ließ mich Gott den Aussätzigen treffen.

Schauder hatte ich immer vor den Aussätzigen empfunden! Dahinter stand vielleicht eine alte Gewohnheit, die in der Kirche aufgekommen war, wo die Aussätzigen als Abbild der Sünde angesehen wurden. Vielleicht war auch ihre erzwungene Isolierung schuld, obendrein die von meiner Familie überkommene Angst vor Ansteckung. Jedenfalls konnte ich den Anblick eines Aussätzigen nicht ertragen, und nicht für alles Gold der Welt hätte ich einen angerührt. Ich hätte schon den Gedanken verjagt, daß mir einer über den Weg kommen könnte.

Und nun kam mir einer entgegen. Und die Straße war so eng, daß wir uns kreuzen mußten ..., wenn ich nicht den Rückzug antrat.

Ich wollte es tun und wie gerne, aber mir fiel das Kruzifix von San Damiano ein, es versperrte mir den

Fluchtweg. Ich blieb reglos mitten auf der Straße stehen.

Der Aussätzige, in Lumpen gehüllt, kam sachte, sachte auf mich zu. Er streckte mir die verbundenen Hände hin und heftete den Blick auf mich mit einer schmerzlichen Sanftheit und Demut. Ich meinte das Kruzifix von San Damiano vor mir zu sehen, und es schien mir, dieselben Augen schauten mich an.

Was dann geschah, kam einfach über mich. Mit einem Sprung war ich bei dem Aussätzigen, ich küßte ihn auf den Mund. Der Aussätzige fing zu weinen an, und ich weinte mit ihm. Ich zog alles hervor, was ich hatte, und gab es ihm.

Aber es war nichts im Vergleich mit dem, was er mir gegeben hatte, was er mir in diesem Augenblick und in diesem Kuß zu erkennen gab. Ich hatte das wunderbare Gewand jener berührt, der ich mich für immer vermählen würde: Frau Armut.

Ich hatte in den Augen des Aussätzigen das Geheimnis der Inkarnation des Wortes geschaut und wußte es in Frau Armut verwahrt. Nun kannte ich meine Braut, und in ihr liebte ich das, was Gott selbst liebt: den Armen.

Frau Armut, die ich in dem Aussätzigen gesehen hatte, war die Armut der ganzen Welt, sie war die Solidarität mit allem, was klein, schwach, leidend ist; auf sie richtete sich die Barmherzigkeit Gottes am allermeisten.

Frau Armut!

Ihr demutsvolles Antlitz war das Antlitz aller Armen, die mir je begegnet waren und die mich mit unendlicher Milde und Zartheit angeblickt hatten. Ihre Augen waren voller Tränen, die wie Perlen schimmerten, sie bargen ein Geheimnis, das sich nur wenigen enthüllt. Ihre gequälten Glieder waren von Licht durchstrahlt, sie allein waren wahrhaft keusch und würdig, Christus selbst zu umarmen. Ihr Duft war der Duft der unsichtbaren Dinge, die dich nicht zur Begierde, sondern zur hingebenden Liebe verlokken.

Bisher war ich der Meinung, die Armut sei der Fluch der Erde, ein schrecklicher Irrtum der Schöpfung, eine Art Vergeßlichkeit Gottes, ein unbeschreibliches Chaos, das nach den Menschen schnappte, um ihnen Leid zuzufügen.

Jetzt sah ich es ganz anders.

Der Fluch bestand nicht in der Armut, sondern im Reichtum, in der Macht, in der Üppigkeit, die die Herzen verhärtet und vergiftet.

Nicht ein Irrtum der Schöpfung war die Armut, sondern mit ihr wendet sich das letzte Blatt der Schöpfung, das wichtigste vielleicht, um den Menschen vor das Geheimnis zu bringen und ihn zur Suche nach Gott und zur höchsten Selbsthingabe zu bewegen.

Die Armut war nicht ein Versäumnis Gottes an dir, sondern das rauhe, aber wirksame Mittel, in deinem Innern die unbedingte Liebe und den nackten Glauben auszuschachten.

Und nicht das Chaos war sie, das die Menschen einholt, um sie wehklagen und den Tag ihrer Geburt verfluchen zu lassen. Nein, die Armut war der Mutterschoß, darin die Menschen dem Reich Gottes entgegenwachsen.

Von diesem Augenblick an gab es für mich keinen Zweifel mehr: die Armut war der bevorzugte Ort des Göttlichen, die hohe Schule der wahren Liebe, die mächtigste Anziehungskraft für die Barmherzigkeit, die erleichterte Begegnung mit Gott, der sicherste Weg, die irdische Reise zurückzulegen.

Ich erkor mir Frau Armut zur Braut, und alsbald verließ mich jede Furcht. Ich betrat die wahre Freiheit.

Die fröhliche Gesellschaft

Auch nicht im Traum kam mir der Gedanke, allein zu bleiben. Hörte ich nun jemand munkeln, aus mir würde ein Einsiedler werden – vermutlich weil ich nach meiner ersten Bekehrung die bewohnten Gegenden mied und mir diese Einsiedlerklamotten umgehängt hatte, um mich frei zu fühlen –, so wußte ich es besser. Ich war dazu geschaffen, Gefährten zu haben, in einer Gemeinschaft zu leben. Jeden, der vorüberging, schaute ich daraufhin an, ob er mir nicht ein Weggefährte sein könnte, besonders wenn er jung, arm und zum Beten aufgelegt war.

Seit Beginn meiner Bekehrung zu Gott ahnte ich, daß mir viele folgen würden, zu schön war der Weg, den ich gefunden hatte, und die Freude, die mir aus dem Evangelium Jesu sprang.

Zu meiner Zeit wurde die Religion schlecht gelebt. Die Pfarreien waren ziemlich träge, meist gerade nur Kultstätten, nicht Quellen des Lebens. In den Predigten hielten die Priester mit den gewohnten Höllendrohungen die Leute in Schach, und das Evangelium lag unter einer lastenden und massiv klerikalen Tradition begraben. Die Laien, die Eheleute, die Arbeiter, die Bauern hatten keinen rechten Platz, nur die Ordensleute zählten.

Vor allem fehlte die Freude. Christsein und Traurigkeit schienen unzertrennlich, erst recht für die

Frauen, die ihre Weiblichkeit mit tausend Ängsten marterten. Zur Zeit des Karnevals zerbarst jeder Halt, und es kam zu den schlimmsten Exzessen: Zeichen einer repressiven Kultur und eines unreifen Glaubens.

Und doch steckte in dem Volk soviel Gutes, und der Durst nach Gott war so groß! Ein Nichts genügte, um die jungen Leute für das Leben in einer religiösen Gemeinschaft zu gewinnen! Kaum hatte ich mich aufgemacht, dem Evangelium zu folgen und es als Befreiung kundzutun, liefen mir die Gefährten zu, und das riß nicht ab: Bernardo da Quintavalle, Pietro di Cattaneo, Egidio, Filippo, Masseo, Leone, Rufino, Pacifico, Silvestro!

Was für Erinnerungen! Mir wird es warm ums Herz, wenn ich an meine Glaubensgefährten denke! Sie erstaunten und bezauberten mich. Sie erstaunten mich durch das Vertrauen, das sie auf mich, den armen unwissenden Franziskus setzten, und sie bezauberten mich durch ihre Geradheit und ihre Begeisterungsfähigkeit.

Man konnte uns wohl für verrückt halten, wenn wir beisammen waren, durch die Wiesen rannten wie kleine Jungen und miteinander sangen, trunken vor Freude über das Evangelium. In unserem Zusammensein hatten wir das Glück und die Kraft gefunden, uns als Kirche zu fühlen.

Wir gebärdeten uns, als wären wir dem Gefängnis entsprungen, dem Gefängnis unserer Vergangenheit, unserer Komplexe, unserer sinnlosen Ängste. Von allem Anfang an waren wir entschlossen, so zu leben, wie das Evangelium Jesu uns anwies, ohne nach unserem Kopf daran zu tüfteln. Hatten wir irgend etwas zu entscheiden, so schlugen wir nach einem kurzen Gebet das Evangelium auf und taten, was wir geschrieben fanden, ohne das geringste hinzuzufügen. Diese Handlungsweise gab uns eine Freiheit ohne Grenzen und nährte die Einfachheit des Herzens mit solider Speise.

Noch etwas Wichtiges begann sich in unserer Gemeinschaft abzuzeichnen: das war der Vorrang des Glaubens vor den Strukturen. Was uns vereinte, war Christus, und ihn nachzuahmen wurde zum Lebenssinn eines jeden von uns.

Unsere Gruppe war ein Abbild des christlichen Volkes: da war der Bauer neben dem Gelehrten, da war der Arbeiter, und der Vornehme, der wie Bernardo da Quintavalle große Reichtümer zurückgelassen hatte, um zu uns zu stoßen.

Es gab auch Priester unter uns wie Silvestro und Leone, aber wer es nicht war, fühlte sich bei uns nicht geringer eingeschätzt. Im Gegenteil, die meisten wollten am liebsten „Brüder" bleiben. Sie fürchteten in der Priesterwürde eine Gefahr für die Demut, für die Verborgenheit und Einfalt. Wir wollten wirklich zu den Armen und Letzten gehören. Wir hausten in zwei Hütten, die wir in Richtung Rivo Torto entdeckt hatten. Sie dienten als Unterkünfte für Esel.

Aber das ging nicht lange. Schon kam ein Bauer mit einem Esel daher. Er freute sich nicht über uns, und wir mußten ausziehen, denn wir nahmen dem Tier Platz weg und störten es vielleicht. So wandten wir uns dem Wald von Santa Maria degli Angeli zu, in dessen Mitte das Kirchlein der Porziunkula stand, ein ganz einfaches und einsames Kirchlein.

Dort konnten wir uns leicht ein paar Hütten bauen, um ein Obdach zu haben. Wir lebten wie die Lerchen. Unser wahres Gebet war die Freude, und unsere wahre Regel war das Evangelium und die Gewißheit, daß Gott uns führte.

Denke ich an jene Zeit, könnte ich jauchzen. Und ich hätte immerfort diese Lebensweise beibehalten wollen, die uns half, mit allen unseren Gewohnheiten zu brechen, und die uns in die Utopie des Evangeliums versetzte, das ein Springquell von Freiheit ist, von Einfachheit des Lebens, von Liebe, Problemlosigkeit.

Leider blieb es nicht immer so, und später bekamen auch wir es mit Komplikationen, Büchern, Häusern zu tun ... Häuser ... vor allem mit denen wollte es kein Ende nehmen, sie lasteten schwer auf dem Evangelium. Nicht umsonst litt ich, nicht umsonst beunruhigte es mich, wenn ich Häuser entstehen sah.

Einmal habe ich dann doch zugepackt und ein feines kleines Kloster abgedeckt, das mir zu groß schien, zu luxuriös für uns, die wir arm sein wollten.

Es war immer ein Drama für mich, ein Stachel im Herzen.

Das Zuviel verdarb die Transparenz unserer wahren Armut. Wenn wir Häuser bauten, entfernten wir uns ungewollt von unserer ersten Wahl, dem armen Jesus nachzufolgen. Das Sichtbare des Reichtums war wie das Unkraut, das den zarten Halm des Unsichtbaren, darin sich Gott verborgen hielt, erstickte.

Gerade der gesunde Menschenverstand, den die meisten von uns besaßen, wurde zur ständigen Gefahr für den Freimut, das Reich Gottes im Sturm zu nehmen. Nur die reine Liebe war zu unterscheiden fähig, was zu tun sei, und ich muß sagen, daß die Verrücktesten unter uns die waren, die am richtigsten sahen.

In uns allen waren zwei Anliegen, die uns in Spannung hielten, besonders mich, der ich die Verantwortung für uns alle trug.

Das erste Anliegen war das Schweigen, die Einsamkeit, langewährendes Beten. Wir liebten die einsamen Orte, die verlassenen Kirchen wie San Damiano, San Pietro, Santa Maria degli Angeli. Wir wären von uns aus nie aus unseren Einsiedeleien fortgegangen, die voll Frieden und Stille waren, wo das „Wohnen mit Gott" fast greifbar wurde.

Das zweite Anliegen war die Verkündigung des Wortes Gottes an die Armen, das missionarische Umherziehen, der im Evangelium ergehende Ruf, den Menschen Buße und Umkehr zu predigen.

Was tun? Wie entscheiden? Wir diskutierten viel darüber.

Dann geschah etwas.

Ich erinnere mich noch genau: es war der 24. Februar 1208, Fest des heiligen Matthäus.

Beim Anhören des Evangeliums der Tagesmesse wurde ich von den Worten getroffen, die Jesus an die Apostel richtet, als er sie in die Welt sendet:

„Ich nenne euch nicht mehr Knechte, sondern Freunde, weil ich euch alles kundgetan habe, was ich von meinem Vater gehört habe. Nicht ihr habt mich erwählt, sondern ich habe euch erwählt und euch dazu bestimmt, daß ihr hingeht und Frucht bringt und eure Frucht bleibe, damit, was immer ihr vom Vater in meinem Namen erbittet, er euch gebe" (Jo 15,15–16).

Mit einem Schlag sah ich klar, und um es handgreiflich genug zu machen, legte ich das Eindiedlergewand ab und warf mir eine Kutte um. Mit einem Strick hielt ich sie zusammen, und mit nackten Füßen zog ich aus, Buße zu predigen, wie es mir das Evangelium auftrug.

„Geht und predigt allen Menschen."

Der Frühling nahte heran, und wir konnten uns kaum noch halten.

Der Wunsch, den Menschen die Güte unseres Herrn Jesus zu verkündigen und den Armen die frohe Heilsbotschaft mitzuteilen, brannte so sehr in uns, daß wir uns vor Ungeduld nicht mehr lassen konnten.

Wir teilten uns in Zweiergruppen, wie es das Evangelium angibt, und brachen zum großen Abenteuer auf.

Egidio und ich Franziskus nahmen den Weg durch die Marken, Bernardo da Quintavalle und Pietro di Cattaneo gingen in entgegengesetzter Richtung.

In der Porziunkula wollten wir uns wieder treffen, das machten wir miteinander ab. Wir hingen doch sehr aneinander und hätten es nicht lange ausgehalten, ohne uns wiederzusehen und auch jene Orte wieder zu betreten, wo wir das Glück gefunden hatten.

Die Reise war überwältigend.

Ich meinte, die Kirche blühen zu sehen, wie ich die Wiesen rings um mich blühen sah.

Ich erlebte an meinem Leib und in meinem Geist die erstaunlichen Worte Jesu:

„Sorgt euch nicht um euer Leben, was ihr essen werdet, noch um euren Leib, was ihr anziehen werdet. Ist nicht das Leben mehr als die Nahrung und der Leib mehr als das Kleid? Schaut auf die Vögel des Himmels: sie säen nicht, sie ernten nicht und sammeln nicht in

Scheunen, und euer himmlischer Vater ernährt sie" (Mt 6,25 f.).

Und wir schauten und sahen, daß es so war, wie Jesus sagte. Wir legten viele Wege zurück, und überall behielt Jesus recht.

Wenn wir Leute antrafen, so blieben wir stehen voller Freude, Liebe und Frieden, und wir fragten sie, ob sie Hilfe brauchten. Wir arbeiteten auf den Feldern, brachen dankbar das Brot mit den Armen, verkündeten das Reich Gottes, indem wir Hoffnung und Vertrauen auszubreiten suchten. Die Leute gewannen uns lieb, und es fehlte uns nichts, wirklich nichts. Wir hatten das Problem gelöst, das die Menschen so sehr peinigt und ihnen so große Sorgen macht: *das Problem, was morgen sein wird.*

Wir hatten die Angst vor morgen abgeschüttelt.

„Jeder Tag hat genug an seiner eigenen Plage."

Das Ansammeln, Beiseitetun, Aufhäufen wäre uns wie eine Beleidigung gegen Gott vorgekommen, der uns an der Hand hielt und uns versprochen hatte, unsere Probleme zu lösen und für unsere Bedürfnisse aufzukommen: *„Der Vater ernährt euch."*

Einen Bauern zu finden, der uns zum Abendessen einlud und uns den Heuschober anbot zum Übernachten, verschaffte uns das unerschöpfliche Glück, das der Mensch erfährt, wenn er in Liebe mit dem Bruder Gemeinschaft hält und Stunde für Stunde die Fürsorglichkeit Gottes spürt, wie sie ihn zärtlich umgibt.

Es war der Sieg über die Angst, diese größte Sünde wider den Glauben an einen Gott der Liebe.

Unsere Predigt war schlicht, sie bestand aus wenigen lebendigen Worten. *„Bekehrt euch zum Evangelium und tut Buße, denn das Reich Gottes ist nahe."*

Die Leute hörten uns zu und wollten uns nicht mehr gehen lassen.

Wir durchstreiften das ganze Gebiet um Ancona. Doch als der Sommer herankam, lockte uns der Ruf der Porziunkula, und wir hatten die Verabredung nicht vergessen, uns um diese Zeit dort wieder zusammenzufinden. Keiner blieb aus, vielmehr schlossen sich unserer kleinen Gruppe drei weitere Männer an, unter ihnen Filippo Longo.

Wir waren nun acht und richteten uns rund um das Kirchlein Santa Maria degli Angeli in den ärmlichen Hütten ein, die wir im Frühling gebaut hatten. Sie hatten den Regenfällen widerstanden. Wir verbrachten den Sommer an diesem uns so liebgewordenen Ort, und es zeigte sich bei mancherlei Gelegenheiten, daß es den Leuten von Assisi nicht mehr vor uns grauste, daß sie nun anfingen, uns ernst zu nehmen, ja uns zu unterstützen.

Das war mir nicht unangenehm, und wiederholt sah ich meine Mutter wieder. Sie war nun in Frieden mit mir und schickte mir oft Lebensmittel, die ich dann an die vielen Armen von Assisi verteilte.

Als der Herbst kam, beschlossen wir, wieder hinauszuziehen, um unsere Wander-Erfahrungen zu vertiefen. Wir gelangten in das Tal von Rieti und nahmen Aufenthalt in Poggio Bostone.

Der Ort steht mir aus zwei Gründen deutlich in Erinnerung. Seit einiger Zeit bedrückte mich der Gedanke, daß Gott mit meiner schlechten Vergangenheit nicht zufrieden sein könne und daß er mir nicht verziehen habe. Eines Nachts, als ich betete und weinte, empfand ich mit einem Mal eine unendliche Süßigkeit, die mich ganz durchströmte, und die Gewißheit zog in mich ein, daß Gott mir vergeben habe und mich liebe. Darüber war ich so glücklich, daß ich die Gefährten aufweckte und ihnen alles erzählte; vor allem aber suchte ich sie mitempfinden zu lassen, wie süß die Vergebung ist.

Damals entdeckte ich in mir die Prophetengabe. Tatsächlich, ich habe prophezeit.

Ich sagte voraus, daß Brüder in großer Zahl unserer Gemeinschaft beitreten würden und daß wir immer gehalten seien, allen zu vergeben, allen, da doch Gott uns vergeben hat.

In der Begeisterung, die aus jenem Tag des Friedens und der Wonne hervorging, teilten wir uns in vier Gruppen und zogen je zu zweien in die vier Himmelsrichtungen aus.

Wer konnte uns aufhalten?

Zu Beginn des Jahres 1209 trafen wir uns alle wieder in unserem laubigen Klösterchen bei Santa Maria degli Angeli, und voll Freude nahmen wir vier weitere Gefährten auf. Jetzt waren wir zwölf. Das gab mir einen leichten Schrecken. Wie sollte ich es anstellen, so viele Brüder zu führen?

Ich war froh über sie, aber zugleich in Sorge.

Wir ließen uns in der Porziunkula nieder, in jenem freundlichen Wäldchen und rings um jene so beeindruckende kleine Kirche, in die man nur hineinzugehen brauchte, um die Gabe des Gebets und der Tränen zu haben.

Die Porziunkula war Eigentum der Benediktiner von Subiaso, und zu meinen Zeiten sagte man, die Kirche sei von Pilgern auf ihrer Rückkehr vom Heiligen Land erbaut worden. Sie war Maria geweiht. Wenn ich die Augen schloß und an meine Zukunft dachte und an die Zukunft des Bruderordens, der sich um mich herum zu bilden begann, so war mir, als würde ich diese Kirche immer als die Mutter aller Kirchen ansehen, die wir noch entdecken und in denen wir weilen würden, um zu Gott zu beten.

War San Damiano der Ort, wo ich das Geheimnis der Liebe des gekreuzigten Jesus erschaut hatte, so flößte mir Santa Maria degli Angeli jedesmal ein wenig mehr von einer unendlich zarten Liebe zur Mutter Gottes ein und legte mir ein grenzenloses Vertrauen zu ihrer mütterlichen Fürsprache ins Herz.

Klein wie ich war und wie ich mein Leben lang bleiben wollte, um das Reich Gottes zu verstehen, hatte ich schon damals das Gefühl, daß es genüge, in dieser Kirche zu beten, um Vergebung zu erlangen. Später hat es mir der Herr in seiner unendlichen Güte bestätigt.

Schade, daß ihr über dieser Armut und Kleinheit eine so große Kuppel aufgewuchtet habt! Und mehr noch: warum habt ihr jenen wunderschönen Wald zerstört? Dorthin bin ich immer so gern gegangen!

Jetzt ist alles viel schwieriger, die Dinge recht zu begreifen!

Clara, meine Schwester

Gefährten waren gekommen, und es sollten immer mehr werden ... indes warum keine Gefährtinnen? Gab es Ideale nur für Männer?

Und dabei war doch klar, die Ideale, die wir zu entdecken und zu leben suchten, die lagen den Frauen noch viel mehr als uns derben und heftigen Burschen: Im Gewaltverzicht, in der Liebe zum Nächsten, im Bevorzugen des letzten Platzes waren sie Meister. Das wußten wir wohl.

Jeder von uns trug Erinnerungen mit sich: seine Schwester zu Hause, Spielgefährtinnen, das Mädchen seiner Jugendliebe. Traumbilder in jedem von uns, besonders in mir, der ich als Sänger und Spielmann debütiert hatte. Das Bild der Frau hatte sich uns Söhnen dieser wunderbaren umbrischen Landschaft eingeprägt als Bild der Anmut, Güte, Lieblichkeit. Wer von uns hatte sich dem Zauber der ritterlichen Ideale entziehen können, wer hatte nicht am Maifest die blühenden Gefilde Assisis besungen?

Ich Franziskus hatte von der Frau manch unvergeßliche Eindrücke bewahrt, lauter schöne und liebliche Erinnerungen, aber vor allen eine trat mir immer wieder ins Gedächtnis: Clara.

Clara war die Tochter von Ortolana, aus der edlen Familie der Offreduzzi. Sie hatte zwei Schwestern, Caterina und Beatrice. Die Familie wohnte in einem festungsartigen Palast an der Piazza San Ruffino. Oft hatte ich sie nicht gesehen, aber oft genug, daß sie wie ein unvergeßlicher Traum an meinem Horizont aufsteigen und entschwinden konnte. Was mir am meisten Eindruck gemacht hatte, war ihr langes, goldblondes Haar und ihre Augen mit dem willensstarken Blick.

Ich glaube, auch sie kannte mich. In Assisi kannten wir uns alle mehr oder weniger, obgleich es viele Gitter gab. Und als ich mich zum Herrn Jesus bekehrte und das Evangelium ins Herz schloß, wußte ich, daß sie eindringlich an mich dachte und nach mir ausschaute wie um Hilfe.

Sie war immer gut gewesen und hatte nicht diese bewegte Vergangenheit wie ich, trotzdem verstand sie mich und suchte mich. Obwohl zu jenen Zeiten die Begegnungen zwischen einem jungen Mann und einem jungen Mädchen nicht leichtgemacht waren, hätte niemand unser Zusammenkommen verhindern können. Und so geschah es denn ...

Wir trafen uns auf dem Weg nach San Damiano zwischen Feldern voll Kornblumen, und das Gespräch, das Clara anknüpfte, ließ mir den Atem stokken. „Franziskus", sagte sie zu mir, „ich sehe, daß du Gott suchst, und ich möchte, daß du mir hilfst."

Clara, antwortete ich, mein allerhöchster Herr hat mich zu seiner Nachfolge berufen, und ich bin ganz im Frieden. Ich will dir ein Geheimnis sagen: Ich habe mich mit Frau Armut vermählt und will ihr für immer treu bleiben.

„Du hast es getroffen, Franziskus. Niemand als Frau Armut kann dich glücklich machen, und ich bin froh darüber. Ich bitte dich nur, mir zu helfen. In Assisi reden sie viel über das Leben, das du mit deinen

Gefährten in Santa Maria degli Angeli führst. Ich möchte genauso leben, so beten, ebenso arm sein.

Wie soll ich es machen, Franziskus?

Deine Regel, sie soll auch meine sein …

Und dann … ich habe so viele Freundinnen, die mir folgen würden. Auch sie dürsten nach Gott wie ich.

Uns sagt der Reichtum nichts mehr. Unsere Tage sind leer und ohne Sinn. Wir ersticken im seichten Geplauder und in der Langeweile. Die Zeit ist gekommen, das Evangelium durch unser Leben auszurufen.

Denk darüber nach, Franziskus, aber laß uns nicht im Stich. Frag den Herrn, ob er auch uns Frauen auferlegen will, alles zu verlassen, um in der Armut des Evangeliums und in der Liebe Jesu zu leben."

Clara hatte von ihrer Mutter eine tiefe Frömmigkeit und von ihrem Vater Charakterstärke geerbt: es war nicht leicht, Clara zu beugen. Sie hatte sich immer um die Armen gekümmert, war nicht leichtfertig und war für das Absolute gemacht.

Im Gespräch mit ihr fühlte ich in meinem tiefsten Innern etwas wie eine Hilfe. Gott tat das übrige, und die Dinge wurden erleichtert durch die Verwandtschaft zwischen der Familie Claras, den Offreduzzi, und Bruder Rufino, der mit mir war und mir den Rükken deckte.

Begleitet von Pacifica di Guelfuccio, der Herzensfreundin, kam Clara regelmäßig zur Kapelle der Porziunkula, wo wir uns trafen. Unser Gespräch drehte sich immer um die gemeinsamen Ideale, die in mir und in ihr reiften.

Ich merkte bald, von welchem Schlag Clara war.

Nie hatte ich so etwas erlebt. Es zeigte sich sogar, daß sie in puncto Armut noch radikaler war als ich. Zum erstenmal seit meiner Bekehrung glaubte ich eine Stütze zu spüren, einen festen Halt, wahr und sicher, etwas, worauf ich mich verlassen konnte.

Die Vorbereitung für die Weihe war kurz.

Clara war entschlossen, die Welt zu verlassen und buchstäblich nach dem Evangelium zu leben, wie wir zu sagen pflegten, seit das Ideal uns bezwungen hatte.

Nun denn, es sei, sagte ich zu ihr. Armut auch für dich, Tochter adliger Herren.

Doch da war eine große Hürde zu nehmen. Es ging ja nicht um den Eintritt in ein wohlbekanntes und angesehenes Kloster, in einen alten und akkreditierten Orden.

Clara müßte sich ganz allein den Weg bahnen und eine neue religiöse Lebensform erfinden einzig auf das Wort eines Armen hin, wie ich einer war, Franziskus, der nichts bieten konnte als seine große Unerfahrenheit. Das war keine leichte Sache.

Sie hatte den Abend des Palmsonntags als Zeitpunkt für den großen Schritt festgesetzt. Ich hatte Clara empfohlen, sich festlich zu kleiden und in der Kathedrale während der Messe den Palmzweig aus der Hand des Bischofs Guido entgegenzunehmen. Dann ... Dann kam es so weit, daß wir alle einzusperren waren als Verrückte, vollkommen Verrückte.

Noch jetzt frage ich mich, wie ich es gemacht habe, Clara die Flucht von zu Hause anzuraten.

Im Hause Offreduzzi, mehr Festung als Haus, waren die Brüder bis an die Zähne bewaffnet und sicher weit entfernt, es hinzunehmen, daß ihre schönste Schwester des Nachts in einen Wald um Santa Maria degli Angeli flüchtete, um in ein geisterhaftes Kloster einzutreten, das aus Laubwerk gebaut war und bewohnt von Narren, denn als solche galten wir.

Und doch?

Die Nacht kam, jene Nacht des Palmsonntag 1211. Assisi schlief eingehüllt in Mondlicht. Im Haus Offreduzzi war jemand wach, bewegte sich hinter dem einzig möglichen Ausgang an der Rückseite des Palastes: dem Ausgang der Toten, jener kleinen Tür, die jedes mittelalterliche Haus besaß, und durch die man die Totenbahren hinaustrug. Clara war es, die sachte die schweren Holzriegel hob, um durch einen Spalt auf die Straße zu schlüpfen.

Draußen stand Pacifica di Guelfuccio, die mutige Freundin, die sie erwartete. Schweigend liefen sie miteinander hinaus, der Ebene zu: ich, Franziskus, hatte zusammen mit meinen Gefährten sämtliche Lichter, die es bei der Porziunkula gab, angezündet, und so warteten wir auf die Flüchtlinge. Bruder Rufino und Bruder Silvestro waren ihnen entgegengegangen.

Als die Flüchtigen in Sicht kamen, gingen wir alle mit brennenden Fackel ihnen entgegen. Dieser Fackelzug in der Nacht war überwältigend, ein Zeichen der freudigsten Hoffnung unseres armen Lebens.

Wir hatten noch nicht das liturgische Formular für solche Amtshandlungen wie eine Jungfrauenweihe. Indes hatten wir eine große Schere, das unmißverständliche Zeichen unseres Entschlusses, alles hinter uns abzuschneiden, um frei unseren Weg zum Herrn anzutreten.

Ich sehe noch Claras blonden Kopf sich vor mir senken, damals in der kleinen Kapelle von Santa Maria degli Angeli. Rundum wie glühende Kohlen die weitaufgerissenen Augen aller, die herschauen. Es war nicht leicht, diese wundervolle Mähne abzuschneiden, leichter war es schon, um Claras Schultern eine Kutte aus Sackleinen zu legen, sie mit einem Strick zu gürten und ihr ein Paar Holzschuhe zu geben.

Das von der Frau angenommene Ideal der Armut vervielfältigte die Kraft des Mannes und machte die Schönheit der Botschaft allumfassend.

Ich müßte euch noch von dem Höllenkrach erzählen, der an jenem Morgen entstand, als man entdeckte, daß Claras Zimmer leer war, von dem Ritt der wütenden Brüder zum Kloster San Paolo, das wir als vorläufige Zuflucht für Clara ausersehen hatten, von ihrem Eindringen in die Kirche, um die Schwester mit Gewalt zurückzuholen.

Uns Brüdern wurde berichtet, Clara habe sich an den Altar geklammert, und als Antwort auf die Drohungen der Brüder habe sie rasch den Schleier vom Kopf genommen und den Eindringlingen das geschorene Haupt gezeigt. Die Brüder traten wortlos zurück. Sie begriffen, daß mit solch einem Mädchen wie diesem nichts zu machen war.

Später zogen sich vor ihr in San Damiano auch die Sarazenen zurück, die in bewaffneten Haufen in Assisi und Umgebung eingefallen waren.

Als eines Nachts eine Rotte herumstreunender Landsknechte sich dem Kloster näherte, fanden sie sich jener Frau gegenüber, die sich mit der Monstranz in der Hand als Schild aufgestellt hatte, um die ihrer mütterlichen Sorge anvertrauten Mitschwestern zu verteidigen. Hätten die Soldaten eindringen wollen, um sich der Schwestern zu bemächtigen, so hätten sie zuerst über Claras Leiche gehen müssen.

Das war Clara von Assisi.

Es ist seltsam: ich habe mich schon öfters gefragt, wie es möglich ist, daß ihr trotz solch wundervoller Gestalten wie Clara, wie Katharina, wie Theresia in den Kirchen so antifeministisch geblieben seid?

Ja, ich muß es sagen, ich Franziskus: ihr seid antifeministisch geblieben. Ich kann es einfach nicht verstehen!

Habt ihr Angst vor der Frau, wittert ihr Gefahr für eure Tugend, oder rechnet ihr sie uneingestandenermaßen zu einer geringeren Rasse, unwürdig, die heiligen Dinge zu berühren?

Seid ihr euch darüber im klaren?

Mitunter verweigert ihr es der Frau sogar, zum Altar hinaufzusteigen und mit Anmut einen Schrifttext vor der Gemeinde zu lesen. Irgendein Mann, Hauptsache er ist ein Mann, hat den Vorzug.

Ob das nicht übertrieben ist?

Clara gegenüber hat sich mir ahnungsweise das Verstehen dafür geöffnet, warum der Mann zum Priestertum berufen ist und nicht die Frau. Ich spüre etwas davon, wenn ich an die Szene im Abendmahl denke, als Jesus in Anwesenheit seiner Mutter die Eucharistie einsetzte. Ich fühle es mit dem Geheimnis der Kirche verbunden, der Braut Christi, an ihn geschmiegt ... an den ewigen Priester.

Doch das rechtfertigt nicht euer, der Männer, Verhalten gegenüber der Frau. Man könnte meinen, euch fehle die Prophetengabe, und ihr tut euch schwer mit der Wahrheit, die ihr zu verkündigen habt. Vor allem könnte man meinen, ihr lebt noch in der Vergangenheit.

Die Vergangenheit ist vergangen und kehrt nicht wieder.

Waren auch zweitausend Jahre nötig, bis das Evangelium anfing in die harten Köpfe der Männer einzudringen, die Christen geworden, und doch halb und halb Heiden geblieben sind: einiges bahnt sich an.

Das Konzil war ein einzigartiger Anlauf zur Umgestaltung der modernen Welt und hat manch Uberflüssiges weggefegt, das auf der Kirche lastete. Und das konnte geschehen, weil nach soviel Leid das Evangelium in die Adern der Kirche hineingeströmt ist bis ins Innerste.

Lest aufmerksam, und der Unterschied zwischen dem Alten und dem Neuen Testament wird euch ins Auge springen.

Die Gewalt Moses, die das Alte Testament kennzeichnet, hat nichts mehr zu tun mit der Gewaltlosigkeit Jesu, der das Neue errichtet hat.

Die Politik des alten theokratischen Staates, wie wir sie auch vom Mittelalter kennen, wo Glaube und Kultur, Glaube und Politik ineinanderliefen, ist von dem in den Herzen gereiften Evangelium endlich überwunden worden.

Der Legalismus der alten Zeit tritt hinter der Liebe zurück, die in den Menschen aufleuchtet.

Heimlicher und offener Rassismus, Kasten- und Klassendenken werden in den Wind gestreut durch die Idee der Gleichheit, die im Reich Gottes gründet und in ihm verwirklicht wird.

Auch für die Frau gibt es Neues, lest aufmerksam.

Öffnet die Augen den Zeichen der Zeit, es könnte euch sonst passieren, daß ihr von der Wirklichkeit überrumpelt werdet, die schon dasteht und an die Türen klopft.

Wie gern wollte ich heute den Frauen sagen: „Geht, auch ihr seid berufen!" und in diesen Aufruf die ganze Kraft des Geistes hineinlegen und das Betroffensein von der ungeheuren Bedürftigkeit der Welt, die nach dem Evangelium hungert.

Macht euer Haus zu einem idealen Kloster, wie die heilige Katharina es tat, wo das Gebet, der gute Rat, der Friede wohnen. Eure Arbeit sei beseelt von der Stärke eurer Berufung, die euch lieben, trösten, dienen heißt. Äfft die Männer nicht nach, sondern seid kreativ, eigenständig, sucht in eurer Weiblichkeit die Wurzel für das, was euch unterscheidet und unverwechselbar macht, weil es von Gott selbst gewollt und erschaffen wurde. Prägt es euch ein: der Mann ist nicht die Frau.

Verliert keine Zeit damit, euch dem Mann einigermaßen anzugleichen in dem, was er tut, sucht vielmehr von diesem Modell, das nicht das eure ist, soweit wie möglich abzurücken, ist doch euer Bild schon genug verbogen und verwischt.

Ich meine, wenn es ein Modell in der Welt für euch Frauen gibt, so ist es Maria von Nazaret.

Es ist unmöglich, daß Jesus nicht an diese Dinge gedacht hätte und in den dreißig Jahren seines Erdenlebens nicht versucht hätte, das Modell der Frau zu formen.

Maria war ihm so nahe! Und sie schaute so gerne

auf ihn! War sie doch die Tochter des Vaters, die Mutter des Wortes, die Braut des Heiligen Geistes.

Immer noch denkt man zu wenig an diese ungewöhnliche Frau. Wer ist schon auf den Grund ihrer Wirklichkeit gekommen, „Frau dieser Erde" zu sein, unsere Schwester, wer ermißt ihre Freiheit, ihre Autonomie, ihre Selbstverwirklichung Tag für Tag in den kleinen und großen Dingen.

Ihr Frauen, an euch wäre es, im Gebet ein wenig vom Geheimnis Marias ans Licht zu bringen.

Noch ein Letztes:

Hört damit auf, besonders in den Kirchen, euch von Männern führen zu lassen, nur weil es Männer sind, sondern allenfalls weil es Heilige sind, und verschmäht es nicht, euch von Vorbildern wie Clara helfen zu lassen, ja, von einer Frau, die euch nützliche und starke Dinge zu sagen weiß.

Um euch ein wenig zu entspannen, möchte ich euch jetzt eine schöne Legende erzählen[1].

Sie gingen miteinander, Franziskus und Clara, über das schneebedeckte Land. Als sie nahe bei San Damiano an eine Wegkreuzung kamen, ergriff der Meister das Wort und sagte: „Es ist Zeit, uns zu trennen."

Immer kam von ihm zuerst das Wort des Verzichts, das Stärke ist.

Clara kniete sich in den Schnee nieder, und mit der Demut und Bereitwilligkeit, die ihr so spontan nur

[1] Vgl. *Maria Sticco*, S. Francesco d'Assisi (Mailand 1975) S. 146f. Kein Buch hat mich dem Herzen des heiligen Franziskus so nahe gebracht wie dieses.

vor dem Meister kam, erwartete sie, daß er sie segne. Dann aber, als sie sich wieder aufrichtete, mit zitterndem Herzen wie ein Vögelchen in dieser weißen Öde des Winters, hat die menschliche Sehnsucht ihren Lippen eine kindliche Frage abgerungen:

„Vater, wann sehen wir uns wieder?"

„Wenn die Rosen blühen", antwortete Franziskus kurz, denn er war sehr bewegt, doch kaum hatte er sich ein paar Schritte entfernt, als die kristallklare Stimme Claras ihn zurückrief.

„Mein Vater!"

Er wandte sich um. Die Sträucher um Clara herum waren alle zu einem Rosengarten voller leuchtender Dolden geworden, und wohin die Heiligen blickten, überall erblühten Rosen im Schnee wie ein wundervoller Maientag.

Gebe Gott, daß ihr auf dem Pfad eures Lebens auch solche Blütenpracht sehen könnt. Es wird das Zeichen des Wunders sein, das Gott in uns gewirkt hat, als er uns fähig machte, die Seligkeit des keuschen Herzens im zarten täglichen Umgang mit der Frau zu erleben, die mit vollem Recht wie Clara „unsere Schwester" geworden ist.

Das ist Freude

Die Sonne stand hoch am Himmel, als ich den Monte Subiaso hinaufstieg. Mir war, als dringe das Licht in meinen Körper ein und mit dem Licht die Freude. Damals habe ich mich gefragt, wie es möglich sei, daß ich mich irgendwann der Traurigkeit hingebe.

Dieses Licht war das Geschöpf Gottes, das mir mehr als alle anderen seine Anwesenheit bedeutete; und in mich eindringend nahm es denselben Weg, den Gott nahm, um mich zu suchen und mit mir zu reden.

Mir ist es nie schwergefallen, die Geschöpfe, alle Geschöpfe, als Boten Gottes, als Zeichen von ihm zu erkennen.

So lehrte ich meine Gefährten die „Zeichen Gottes". Mein Gebet begann so:

Sei gelobt, mein Herr,
mit all deinen Kreaturen,
besonders mit der hohen Frau,
unserer Schwester Sonne,
sie ist dein Sinnbild, du Herrlicher.

Ja, sie zeigt auf ihn.

Die Geschöpfe sind Sinnbilder, die auf Gott zeigen. Sie sind von seiner Gegenwart durchströmt. Sie umfangen sie, leben sie, drücken sie aus mit der keuschen Transparenz ihres Wesens, ohne von ihr Besitz zu ergreifen.

Sie, die Geschöpfe, haben die Macht, uns behutsam zur Kontemplation zu geleiten, um die wir uns auch selber mühen müssen und die daher „erworbene Kontemplation“ genannt wird. Sie ist ein Quell großer Freude.

Ich sah die Sonne und lächelte ihr zu. Dann sagte ich: „Ich liebe dich.“

Da merkte ich, dieses „ich liebe dich“ hatte ich nicht zu ihr, der Sonne, gesagt, sondern zu ihm, dessen Sinnbild sie war, Gott, von dem die Sonne ein Zeichen ist.

Dieses Gespräch mit den Kreaturen hat mich so hingerissen, und hat mich von Kopf bis Fuß mit Freude durchbraust, daß ich hätte schreien mögen, tanzen, singen. Ich fühlte mich in Gott getaucht, wie ich in all das eingetaucht war, das mich berührte, in all das, was ich sah.

All das war eins, und Gott zu leugnen hätte bedeutet, die Kreaturen zu leugnen, das Licht, alle Wirklichkeit. Das ging nicht, wenn auch alles umfangen war vom Geheimnis seiner Person, die das Ganze, darin sie enthalten war, gleichwohl überstieg.

Das „Geheimnis“, das mich schon als Kind in Bann geschlagen hatte, enthüllte sich als etwas vom Anziehendsten und Erstaunlichsten der Schöpfung. Das Geheimnis war der von Gott um mich herum gelegte Raum, zur Schonung meiner Kleinheit und meiner Freiheit. Es war der Halbschatten der unsagbaren Bucht, wo Alles und Nichts sich begegneten, sich umarmten, sich immer tiefer erkannten, sich gewaltlos entschleierten, ohne die Augen durch zuviel Licht zu blenden.

Der Wind war Zeichen der Beweglichkeit der Dinge, ihres unerschöpflichen Vorantriebs, die

Stimme des Geliebten, der unerwartet kommt, Berührung mit Gott, der zu mir herfand und mich aus meiner Einsamkeit herauszog, immer mögliche Liebkosung, Anweisung und unstillbares Drängen nach fortwährendem Wachstum.

Auch Pfingsten stand unter dem Zeichen des Windes, ja des Sturmes, der die Türen aufstößt.

Ich sagte gerne und war immer davon bewegt:

Sei gelobt, mein Herr, durch Bruder Wind.

Und wie war es mit dem Feuer?

Der Worte, die es mir eingab, war kein Ende. Alles konnte ich in ihm sehen, wenn ich hineinschaute in der Nacht, die wie der dunkle Glaube dem strahlenden Licht vorhergeht.

Das Leben, der Tod, die Zeit, der Raum, das Unendliche, die Erde, der Himmel, die Liebe, die Heiligkeit, der Schmerz, die Freude, die Umarmung. Alles, alles fand im Feuer sein Zeichen, auch das Warum des Lebens: unaufhaltsame Selbsthingabe, Wärme, die sich verstrahlt im langsamen Sichverzehren.

Mit dem Feuer zu beten, entzückte mich.

Sei gelobt, mein Herr, durch Bruder Feuer.
Es erleuchtet das Dunkel,
kühn ist sein Sprühen,
heiter ist es, schön und gewaltig stark.

Ich gab mir nicht lange Mühe, den Sonnengesang abzufassen. Er kam aus meinem Innern und schon rief ich die Gefährten herbei, und wir sangen ihn zusammen.

Immer mehr lernte ich die Freude verkosten, die aus dem gemeinsamen Beten strömt. Dafür hat uns

Gott doch auch zusammengerufen; daß wir zusammen beten.

Und dazu muß ich euch etwas Persönliches sagen.

Kaum fing ich zu beten an, erhob ich unwillkürlich die Arme. Mir war, wie wenn ich inmitten des Universums stände und wie wenn alles, die Blumen, die Vögel, die Sterne, sich um mich drängten, um mit mir Gott zu loben. Ich wurde Stimme des Geschaffenen, Priester all dessen, was klein und unbedeutend und ohne Stimme war.

Das beschwingte mich. Ich entdeckte in dieser Aufgabe meine heimliche Berufung.

Wenige Worte der Schrift beeindruckten mich so wie die im ersten Petrus-Brief: „Ihr seid ein Volk von Priestern."

Ich war beruhigt.

Nie hatte ich gewünscht, Priester zu sein, und meine Gefährten wußten das. Meine tieferen Gründe verschwieg ich ihnen; so etwas läßt sich nicht leicht erklären.

Indes, je froher ich war, nicht Priester zu sein, desto mehr empfand ich, daß ich Priester war. Es war wie eine Berufung, die langsam in mir reifte, und am liebsten hätte ich sie allen meinen Brüdern übermittelt.

Mir schien, die Priester – die vom Bischof geweihten – seien gerade deswegen in der Kirche bestellt, um allen, den Männern und noch mehr den Frauen, zu sagen: „Ihr alle seid Priester, weil ihr zu einem priesterlichen Volk gehört."

Deshalb war es mir wohl dabei, wenn ich mit ausgebreiteten Armen betete und wenn ich mit der Hand den Segen auf Vögel oder Fische zeichnete.

Und jetzt können wir miteinander fortfahren im Beten, Bruder oder Schwester, geboren 800 Jahre nach mir, aber vereint mit mir im Glauben an denselben Herrn, unseren Gott.

Hier mein Gebet von damals, das ihr heute das „Sonnenlied" nennt.

Du höchster, allmächtiger, guter Herr, dein ist Lobpreis und Ruhm, Ehre und jeglicher Segen. Dir allein, Höchster, gebühren sie. Und keiner der Menschen ist wert, dich im Munde zu führen.

Sei gelobt, mein Herr, mit all deinen Kreaturen, sonderlich mit der hohen Frau, unserer Schwester Sonne, die den Tag macht und mit ihrem Licht uns leuchtet. Schön in der Höhe und strahlend im mächtigen Glanz, ist sie dein Sinnbild, du Herrlicher!

Sei gelobt, mein Herr, durch Bruder Mond und die Sterne. Du hast sie am Himmel geformt in köstlich funkelnder Ferne!

Sei gelobt, mein Herr, durch Bruder Wind, durch Luft und Gewölk und heitres und jegliches Wetter. Alle Kreaturen belebst du durch sie!

Sei gelobt, mein Herr, durch Schwester Wasser. Es ist so nützlich, gering, köstlich und keusch.

Sei gelobt, mein Herr, durch Bruder Feuer. Es erleuchtet das Dunkel, kühn ist sein Sprühen, heiter ist es, schön und gewaltig stark.

Sei gelobt, mein Herr, durch unsere Schwester Mutter Erde. Sie versorgt uns und nährt uns und zeitigt allerlei Früchte, farbige Blumen und Gras.

Für jetzt mache ich hier Schluß. Später werde ich es weiterführen, wenn ich gelernt habe, den Schmerz in Liebe zu ertragen.

Auch meine Geschichte ging einen langen Weg, und bevor ich sagen konnte: „Sei gelobt, mein Herr, durch unseren Bruder, den Leibestod", mußte ich ziemlich lange laufen und ausdauernd und geduldig in der Schule des Kreuzes Jesu bleiben.

Ein anderer Quell der Freude in mir war das Befreiungsgefühl, das mir aus dem Evangelium kam.

Mich befreit zu wissen aus der Knechtschaft war mir ein ständiger Anlaß, fröhlich zu sein. Ich Franziskus war befreit von Götzen, von Angst, von meinen Komplexen. Ich fühlte mich glücklich. Ich machte mir den Psalm 114 zu eigen und betete oft mit seinen Worten:

Als Israel aus Ägypten auszog,
Jakobs Haus aus dem Volk mit fremder Sprache,
da wurde Juda Gottes Heiligtum,
Israel das Gebiet seiner Herrschaft.

Es war, wie wenn ich sagte:

Als Franziskus aus seinem Hause auszog
und anfing als freier Mensch zu urteilen,
da wurde Gott sein Alles,
und er wurde Gott zu eigen, der seine Liebe war.

Das Meer sah es und floh,
der Jordan wich zurück.
Die Berge hüpften wie Widder,
die Hügel wie junge Lämmer.
Was ist mit dir, Meer, daß du fliehst,
und mit dir, Jordan, daß du zurückweichst?
Ihr Berge, was hüpft ihr wie Widder,
und ihr Hügel, wie junge Lämmer?

Eine erstaunliche Sache! Auch die Natur nahm teil an unserem Glück. Es war so großartig, zu sehen, wie der Mensch sich aus seiner Knechtschaft befreit, daß sogar die Meere und die Berge am Fest teilnahmen und tanzten.

Und ihr wundert euch, daß die Wälder von Santa Maria degli Angeli nachts zu brennen schienen, wenn wir beteten? Es scheint euch seltsam, daß die Rosen im Schnee blühten? Und daß die Wölfe zahm wurden? Und daß die Fische uns zuhörten? Nein, Brüder, wundert euch über das Gegenteil, wundert euch, wenn ihr den Himmel reglos oder unbeteiligt an eurer Freude seht.

Alles ist eins, und alles hat teil am selben Fest.

Man muß es nur sehen.

Und um es zu sehen, muß man genau hinschauen.

Ich habe euch schon gesagt, daß ich vor meiner Bekehrung keinen Blick für die Geschöpfe hatte. Sie gingen an mir vorbei, wie wenn sie mich nichts angingen, wie eine Verzierung der Landschaft.

Jetzt sah ich sie. Und ich nahm sie fest in den Blick.

Ich merkte, daß auch sie mich in den Blick nahmen. Vielleicht – warum nicht! – suchten sie wie ich sich mitzuteilen.

Vielleicht hatten sie mich verstanden. Ich versuchte mit ihnen zu sprechen ... und es gelang.

Ich war dabei, den See von Rieto unmittelbar bei der Einsiedelei von Greggio zu überqueren, und ein Fischer schenkte mir ein Wasservögelchen. Ich nahm es mit Vergnügen an und tat die Hand auf, ermunterte es, frei davonzufliegen. Aber das Vögelchen wollte nicht und schmiegte sich in meine Hand wie in ein

Nest. Ich fing zu beten an und geriet außer mir. Als ich wie von weither zu mir zurückkam, war das Vögelchen noch da und schaute mich mit nach links geneigtem Köpfchen an. Ich betrachtete es liebevoll und sagte zu ihm, es solle nun fliegen. Aber es wartete auf meinen Segen. Dann löste es sich sanft aus meiner Hand und flog davon.

Und was soll ich euch sagen von der Freundschaft, die sich zwischen mir und einem Falken entspann?

Ich hatte mich in eine Einsiedelei zurückgezogen, um in Frieden zu beten. Da entdeckte ich, daß nahebei ein Falke sein Nest hatte. Wir wurden Freunde, aßen miteinander und betrachteten uns gern und lange. Er nahm die Gewohnheit an, mich zur Stunde des Gebets zu wecken, nachts oder in der Frühe zu den Laudes. Er versäumte es nie, seine Pflicht aufs genaueste zu erfüllen.

Es kam auch vor, daß er über die gewohnte Ordnung hinausging. Wenn er merkte, daß ich geschwächt war, weckte er mich nicht in der Nacht, sondern erst am Morgen für die Laudes.

Ich denke, Gott bediente sich seiner, um mich zu leiten.

Ihr mögt lächeln, und ihr habt Grund dazu, weil ihr die Erfahrung nicht gemacht habt. Aber über mich ist es gekommen, und ich fand Geschmack daran, ausgedehnte Reden und Predigten für alle Kreaturen zu halten.

Die Natur, die Tiere sind dermaßen daran gewöhnt, im Menschen den Feind zu sehen, daß sie davonlaufen, wenn er sich nur nähert. Von Generation zu Generation gibt der Mensch sein Verhalten zu den Tieren weiter: sie zu schlagen, zu töten, zu quälen.

Und die Tiere haben den Komplex geerbt, Angst zu

haben vor dem Menschen, vor ihm zu verstummen und erschrocken davonzustürzen.

Ich habe mich bemüht, ihnen zu verstehen zu geben, daß ich ein Freund bin. Erst waren sie verdutzt, dann haben sie mir geglaubt.

Und sie kamen auf mich zu. Sie hörten mir zu. Das durchfuhr mich mit solcher Freude, daß ich in die Luft springen wollte.

Es war, wie wenn das Reich Gottes in mir neue Dimensionen annahm.

Es war, wie wenn ich neue Gottesbeweise bekommen hätte.

Es war, wie wenn die Zahl der Brüder und Schwestern sich maßlos vermehrt hätte.

Eines Tages, es war in der Porziunkula, gewahrte ich auf einem Feigenbaum neben meiner Zelle eine Zikade, die lauthals drauflos sang. Ich streckte meine Hand nach ihr aus und sagte: „Meine Schwester Zikade, komm zu mir her.“ Und sie kam, als hätte sie mich verstanden und setzte sich auf meine Hand. Ich sagte zu ihr: „Sing, meine Schwester Zikade, und lobe freudig den Herrn, deinen und meinen Schöpfer.“

Sie gehorchte unverzüglich. Und fing zu singen an und hörte nicht auf, bis auch ich anhob, den Herrn zu loben. Kaum daß sie mich hörte, schwieg sie. Dann, wenn ich innehielt, setzte sie wieder ein, wie wenn wir einen Wechselgesang komponiert hätten.

Sie blieb acht Tage da und wohnte auf einem Zweig vor der Zelle. Immer wenn ich zurückkam, liebkoste ich sie mit der Hand, und sie schien es zu genießen und hielt still. Doch sobald ich ihr sagte: „Schwester Zikade, sing“, erfüllte sie meine Zelle mit ihrem Gesang.

In der Nähe von Greggio brachte mir ein Mitbruder

einmal einen jungen Hasen. Er hatte ihn aus der Schlinge genommen. Ich sagte zu dem Tierchen: „Bruder Häschen, warum hast du dich fangen lassen? Komm her zu mir." Sofort sprang mir das freigekommene Tierchen in den Schoß und kuschelte sich behaglich, nun ganz beruhigt. Nach einer Weile streichelte ich es liebevoll und sagte: „Geh, spring frei in den Wald zurück." Aber kaum hatte ich es auf den Boden gesetzt, als es sich umdrehte und mir in den Arm sprang. Es blieb bei mir, bis ich den Mitbrüdern sagte: „Bringt es in den Wald." Dann sah ich es nicht wieder.

Ja, ihr mögt lachen! Ihr seid zu rationalistisch, ihr Modernen, und das ist auch einer der Gründe für eure Traurigkeit.

Ich hingegen habe die Einheit erfahren, die zwischen Natur und Übernatur besteht, und habe verstanden: von dem, was sich um uns her zuträgt, sehen wir das Wenigste. Wir sind schwer kurzsichtig, und das meiste entgeht uns.

Darum denke ich, daß nur die Kinder einiges verstehen können, und nehmen wir sie auch nicht zur Kenntnis, sie sehen doch besser. Nicht umsonst hat Jesus gesagt: „Wenn ihr nicht werdet wie die Kinder … kommt ihr nicht ins Himmelreich."

Mir gefielen die Kinder und mehr noch die Erwachsenen, die ein kindliches Herz hatten.

Das ist etwas Wunderbares. Es ist eine Wonne, bei ihnen zu sein.

Mit Menschen solchen Schlags wie Bruder Ginepro zu leben. An den kann ich mich gut erinnern.

Eines Tages hatte er einen schweren Rüffel vom

Oberen bekommen, weil er ohne Erlaubnis ein paar Silberglöckchen, die den Altar schmückten, verschenkt hatte.

Ginepro dachte: „Mein Bruder Guardian hat so laut geschrien, er muß ja heiser werden."

Er ging in die Küche und bereitete einen Mehlbrei mit Butter zu. In tiefer Nacht klopft er an die Zelle des Oberen und steht da mit der Schüssel in der einen Hand und mit der Kerze in der anderen. Was soll das?, fragt ihn der Bruder Guardian.

Und Bruder Ginepro: „Vater, als ihr mich heute wegen meiner Fehler gescholten habt, merkte ich, daß eure Stimme heiser wurde, vor lauter Überanstrengung, und darum kam ich darauf, dir diesen Mehlbrei zu machen. Er wird dir für Brust und Kehle guttun."

In einem erneuten Wutausbruch jagte ihn der nachts aufgestörte Obere zum Teufel, aber Bruder Ginepro sagte: „Vater, rege dich nicht auf, halte die Kerze, und ich esse den Mehlbrei."

Ja, soviel Freude machten mir die Brüder, die am einfachsten, am durchsichtigsten waren. Ich hätte die ganze Kongregation so gewollt, und mir wurde klar: um den Satan und die Welt zu besiegen, waren die die besten Kämpfer.

Die Allzugescheiten machten mir angst.

Ich fand, daß man der komplexen Wirklichkeit des Universums mit Humor begegnen müsse. Das war die beste Methode, im Kampf zu widerstehen.

Wenn ich zum Beispiel Bruder Rufino sah – er war einer der fähigsten Leute von Assisi –, wie er nackt, bloß mit Unterhosen bekleidet, vor den frommen Damen, die spöttisch lächelten, predigte, empfand ich deutlich, daß man nur mit Menschen dieser Machart die Welt ändern könnte.

Und wenn ich Bruder Bernardo da Quintavalle vor mir erscheinen sah nach dem Almosensammeln, mit leeren Händen, halb verhungert, und er sich noch entschuldigte, daß er unterwegs die Brotreste aufgegessen habe, als sei das ein Vergehen, dann weinte ich vor Rührung und fühlte mich wirklich als Bruder aller Menschen.

Das war Freude.

Meine Kirche, meine Kirche

Aber da gab es nicht nur das Kirchlein Santa Maria degli Angeli, das im Wald der Porziunkula unsere Zuflucht, unser Friede, der Ort unseres Gebets war. Da war die große Kirche, ausgebreitet bis an die Grenzen der Erde, gegründet von Jesus, der mir in San Damiano geboten hatte: „Stell sie wieder her."

Hatte ich im Augenblick gemeint, es handle sich darum, die Mauern von San Damiano zu flicken, die tatsächlich am Zerbröckeln waren, so brauchte es nachher nicht viel, um zu begreifen, daß es um mehr ging, um die Kirche von Rom.

Wer hat uns denn seit zweitausend Jahren – zu meiner Zeit waren es auch schon zwölfhundert Jahre – das Andenken an unseren vielgeliebten Herrn Jesus übermittelt? Wer hat uns in der Wahrheit gefestigt, uns auf dem kaum beschrittenen Weg bestärkt?

Ich Franziskus hatte das Bedürfnis, mich auf jemand zu stützen, mich über meinen Weg zu vergewissern. Es ängstigte mich, die Verantwortung ganz allein zu tragen.

Warum nicht nach Rom zum Papst gehen? Ihm alles erzählen, ihm unseren Wunsch sagen, das Evangelium und nur das Evangelium zu leben, und seinen Segen erbitten. Ihm unseren Durst nach Armut gestehen, unseren Traum, mit den Armen zu sein, uns an den letzten Platz zu setzen, die soziale Stellung des Armen, Ausgebeuteten, Hungernden, Obdachlosen, Nomaden anzunehmen?

War das vermessen?

Verlangten wir Unmögliches?

Wir waren so wenige – damals erst ein Dutzend – und schon das Bedürfnis, unsere Ideen dem Stellvertreter Christi mitzuteilen? Stand das nicht im Widerspruch zu der Demut, die wir zu leben suchten?

Nein, es war kein Widerspruch, und so machten wir uns alle miteinander auf den Weg nach Rom. Es war im Mai 1210.

Ich Franziskus hatte eine ganz schlichte Regel bei mir, sie war kurzerhand dem Evangelium entnommen und schien mir unseren gemeinsamen Willen, uns Gott in Armut und Liebe zu weihen, treffend auszudrücken.

Unterwegs beteten und sangen wir unablässig. Wir waren voller Freude, und diese Freude steckte jeden an, der uns begegnete. Es gab keine Probleme wegen Essen und Unterkunft, auch wenn wir durch arme Gegenden kamen. Die Leute umringten uns neugierig, und die Übernachtungsangebote überstiegen weit den Bedarf.

In Rom stießen wir auf unseren Bischof Guido, und das freute uns, denn er empfahl uns sogleich, nicht auf andere Lösungen für unser Leben einzugehen und in seiner Diözese zu bleiben. Er hatte uns gern bei sich. Dank seiner Freundschaft mit dem Kardinal Giovanni Colonna von San Paolo konnte er uns zu einer Audienz beim Papst verhelfen.

Innozenz III., von fürstlichem Geblüt, war von Natur pessimistisch in seiner Auffassung vom Menschen, auch betrübten ihn die um sich greifenden Kämpfe mit den Albigensern, die die Armut predigten, aber schlecht von der römischen Kirche sprachen.

Ich ahnte, wo die Klippe lag. Wenn ich ausgerechnet auf der Strenge unseres Armutsideals bestand, war mir der Wind des Protests und Aufruhrs, der die Kirche erregte, bestimmt nicht günstig.

Aber was tun? Sollte ich meine Braut Frau Armut verleugnen, nur um eine durch den gesunden Menschenverstand erleichterte Billigung zu erhalten?

Nein, mir war nicht danach zumute. Und dann standen da um mich elf zerlumpte Gesellen, die mir mit einem bloßen Blick widersprochen hätten. Wir waren arm, arm, und unsere Armut schlug dem Milieu, in das wir uns begeben hatten, ins Gesicht.

Der Papst betrachtete mich mit Aufmerksamkeit und ich ihn mit Liebe.

„Meine Söhne, euer Leben erscheint uns zu rauh. Wir zweifeln nicht, daß ihr bei eurem großen Eifer es durchhalten werdet. Aber wir fürchten für jene, die euch später folgen werden."

„Herr Papst, ich verlasse mich ganz auf meinen Herrn Jesus Christus. Wie könnte er seine Versprechen nicht halten, die er dem gegeben hat, der um seinetwillen allem entsagt?"

Darauf zogen wir uns zurück. Wir füllten die Wartezeit damit aus, die Kranken im Spital Sant'Antonio zu pflegen, und der Papst diskutierte derweilen mit den Kardinälen.

Es sickerte durch, daß viele Kardinäle gegen uns waren und negative Urteile abgegeben hatten. Es hieß auch, Kardinal Colonna habe uns mit einem sehr einfachen aber konkreten Argument verteidigt: „Verweigern wir das Ersuchen dieses armen Bruders, der sich auf das Evangelium beruft, mißfallen wir dann nicht

Gott? Und behaupten wir, seine Regel widerspreche den menschlichen Möglichkeiten, so stellen wir damit am Ende fest, es sei für die Menschen unerträglich, dem Evangelium auf dieser Erde zu folgen.“

Der Papst ließ uns noch einmal rufen, und so fanden wir uns wieder in dem großen Saal, in seiner Gegenwart.

Auf erhöhtem Platz war er, Innozenz III., bleich, als habe er die Nacht nicht geschlafen, und ihm gegenüber ich Franziskus, umringt von meiner wenig ansehnlichen Gesellschaft. Der Heilige Vater sah mich durchdringend an, als wolle er seinem Gegenüber bis auf den Grund kommen.

Meinen Traum, die Armut in der Kirche zu leben, suchte ich mit einem Gleichnis zu erläutern, das ich zuvor meinen Gefährten erzählt hatte.

Ich ereiferte mich, nahm alle Kraft zusammen, um zu erklären, daß wir arm sein müßten und daß dies ein Zeugnis sei, das wir dem christlichen Volk schuldeten.

Ich weiß nicht, was in diesem Moment vor sich ging. Mir schien, der Papst ändere plötzlich seine Meinung, wie wenn sich ein ihn bedrängendes Problem mit einem Schlag gelöst hätte. Er lächelte. Drauf gab er mir einen Wink, näherzutreten, und umarmte mich. Ich begriff, daß die Schlacht geschlagen war, und fühlte, Gott hatte eingegriffen, und der Papst war nun versichert, daß wir Rechtes vorhatten und die Kirche nicht täuschen wollten.

Später lief das Gerücht von einem Traum um, den der Papst die Nacht zuvor gehabt haben soll. Man sagte, er habe gesehen, wie die Lateranbasilika wankte und einzustürzen drohte und wie ein armselig gekleideter Mann sie mit seinen Schultern stützte.

War ich dieser Arme? Dazu gehörte schon allerhand Mut, dies meinerseits anzunehmen.

Und dann ... Träume ... soll man an Träume glauben?

Wenn mir der Gedanke daran aufstieg, jagte ich ihn weg und ich bekannte meinem Herrn Jesus all meine Nichtigkeit und beteuerte mein Unvermögen.

Wir befanden uns auf dem Rückweg, und Rom lag hinter uns.

Nach der ersten Hochstimmung über die Approbation, die der Papst unserer Regel gegeben hatte, schlich sich bald eine leichte Unruhe ein. Je mehr wir uns Umbrien näherten, nahmen die Lieder ab und machten schweigendem Gebet Platz, das sich unserem Innern entrang, beklommen wie wir waren vom Bewußtsein der Schwierigkeiten, denen wir entgegengingen.

Etwas war sicher und darauf konnten wir bauen: Gott war mit uns und würde uns beistehen, aber ... die eigentlichen Kämpfe standen uns noch bevor.

Wir hatten nichts von Armut gesehen in den Sälen des päpstlichen Amtssitzes, keinerlei Anzeichen davon. Dies, so empfand ich, würde zu Diskussionen führen in der kleinen Gesellschaft, die Richtung Assisi trottete, entschlossen, die Armut des Evangeliums zu leben, aber es waren einfache, rauhe Männer ohne besondere Bildung.

Nachts konnte ich keinen Schlaf finden.

In den Situationen, in die wir geraten waren, sah ich das ganze Geheimnis der Kirche abgebildet, die heilig und sündig zugleich ist, unzerstörbar dank göttlicher Zusage und imstande Ärgernis zu geben, wie sie es tatsächlich durch ihren Reichtum und Machtanspruch tat.

Wie sollte ich das Problem lösen? Was sollte ich den Brüdern sagen?

Ich fühlte mich von der absoluten Treue durchdrungen, die ich der Kirche, meiner Mutter, meiner Wohltäterin halten wollte, und zugleich empfand ich den Widerspruch eines schamlosen Reichtums, einer Vermengung mit der Machtpolitik, die der christlichen Botschaft Eintrag tat. Das hatte Gott sogar dem Papst klargemacht in jener Traumvision von der Laterankirche, die schon wankte, so daß die schwachen Schultern des Armen die stürzenden Mauern halten mußten.

Man mußte der Kirche Halt geben. Aber wie?

Man mußte die Risse flicken. Wo?

Mit einemmal ging mir auf, daß wir, jung und unerfahren wie wir waren, Gefahr liefen, eine Bande von Unzufriedenen zu werden, nervös und bissig im Urteil und schnell dabei, den Finger auf die Wunden anderer zu legen.

Nein, das war nicht der Weg. Es würde nichts dabei herauskommen.

Prediger dieser Sorte liefen schon mehr als genug herum, besonders im Norden.

Jesus wollte bestimmt etwas anderes von uns.

Da hatte ich es gefunden: wir sollten Jesus nachahmen, tun, wie er getan hatte. Mir kamen seine Worte in den Sinn, und ich war getröstet:

„Richtet nicht.
Warum siehst du den Splitter im Auge deines Bruders,
aber den Balken in deinem Auge
bemerkst du nicht?“

„Ich bin nicht gekommen zu richten, sondern zu retten."

Dieser Satz vor allem machte mich betroffen und ging mir durch und durch. „Ich bin gekommen zu retten."

War ich nicht gerettet worden? Und gerade deswegen war ich so glücklich. Und nun, da ich gerettet war, sollte ich mit meiner Kritik gegen die wüten, die nicht die gleiche Gnade empfangen hatten? Vielmehr müßte ich mit ihnen fühlen.

Dieser Gedanke öffnete mir ganz entschieden die Augen und bekräftigte mich in meiner Haltung dem Reichen gegenüber, dem gegenüber, der in die von Jesus verkündete Seligkeit noch nicht eingetreten war.

Der Sünder, der in Brokatgewändern stolzierende Reiche, war ein armer Mensch, ärmer als die augenscheinlich Armen, die zerlumpten Habenichtse. Und wenn ich mit diesen Mitleid hatte und sie liebte, warum sollte ich nicht Mitleid und Liebe für jene übrighaben, die in unsichtbaren Lumpen gingen, für die Reichen also, die Mächtigen, die noch an die Götzen glauben und in der Finsternis leben?

Ja, ich fühlte es überdeutlich: der Unglückliche ist der, der noch nicht in die Seligkeit des Evangeliums eingetreten ist, in die Freude der Befreiung, der sich noch sättigt mit Eitelkeit, Unrast, Hochmut, Habgier, Machtgier.

Wer war von uns beiden der Glückspilz, mein Vater oder ich? Ich, der ich freien Mutes wie eine Lerche sang und Gott nahe bei mir fühlte, ganz nahe, oder er, der andauernd um sein Geld und seine Torheiten besorgt war?

Wer von zwei Kirchenmännern war der Glücklichere? Der eine, der an das Evangelium Jesu glaubte, oder der andere, der nur daran dachte, dreinzuschlagen zur Ehre Gottes? Kurz, das Evangelium war verkündet, aber ... wer nicht danach lebte, war sehr viel unglücklicher als der, den es umgestülpt hatte.

Wen soll ich für glücklicher halten, Zachäus, der Jesu Denkart annimmt und arm wird, oder den Reichen, der aus Furcht vor der Armut sich von Jesus zurückzieht und in seiner Knechtschaft einsitzt?

Ich hatte nun verstanden und hatte die Wendung gefunden, wie ich mit meinen Glaubensgefährten sprechen konnte.

„Brüder, wir sind Minderbrüder und müssen gering bleiben. Der uns anstehende Platz ist der, den Jesus gewählt hat: der letzte."

Aber gerade weil er der letzte ist, ist er der schönste. Wenn wir uns auf den letzten Platz setzen, wird uns niemand beneiden, niemand wird an uns Ärgernis nehmen, niemand Angst vor uns haben.

Vom letzten Platz aus werden wir die Dinge viel richtiger einschätzen können, werden wir die Menschen viel leichter verstehen, die leiden, und für die wir arbeiten wollen.

Das einzige, was wir fürchten müssen, ist der Hochmut, die Sucht, uns vorzudrängen, die Brüder zu richten, mit unserem Urteil diejenigen zu schlagen, die schon hart genug geschlagen sind durch die Abwesenheit Gottes und durch die Traurigkeit, die die Saat der Sünde im Menschen ist.

Unsere wahre Regel ist das Evangelium, und wir müssen jene für selig halten, die es begriffen haben und Armut, Keuschheit, Milde, Frieden, Verfolgung als Seligkeiten leben.

Wenn einer zu beklagen ist, dann der Reiche,

Mächtige, Satte, auf dem das furchtbare Wort Jesu lastet: „Wehe euch!“

Die vierte von Matthäus aufgeschriebene Seligkeit *„Selig die Barmherzigen“* hatte mir auf den Weg geleuchtet.

Barmherzigkeit für die Sünder.

Barmherzigkeit für die Christen.

Barmherzigkeit für die Kirche.

Barmherzigkeit für die Päpste.

Barmherzigkeit ... für uns, die wir den Wunsch hatten, arm zu sein, aber es nicht ganz dazu bringen würden.

Auch die Kirche hatte es nötig, daß man sie mit Barmherzigkeit ansah. Auch die Kirchenleitung.

Bis dahin hatte ich nicht recht gewußt, worin das Geheimnis der Kirche bestand: Sündigkeit und Unfehlbarkeit, schlechte Beispiele und Unbeirrbarkeit auf dem Pilgerweg, erschreckende Blindheit der Hirten und die Zusicherung, gleichwohl mit ihnen ins Land der Verheißung zu gelangen.

Jetzt verstand ich es und war froh, daß ich in Rom gewesen war und die päpstliche Billigung erhalten hatte. Ich wußte mich im Frieden und vom Felsen der Kirche getragen. Ich fühlte mich eingeschrieben in den Plan Gottes.

Wer mich auf den Weg geschickt hatte, war jener Gott Abrahams, Isaaks und Jakobs, der den Bund mit dem Menschen geschlossen hat.

Jener Gott Moses, der sein Volk aus der Knechtschaft ins Gelobte Land geführt hat.

Jener Gott Davids, der trotz der furchtbaren Sünden seiner Familie ihm verheißen hat, daß er seinem Thron ewigen Bestand verleihen werde.

Jener Gott Israels, das in der Gewißheit der göttlichen Verheißung lebt: „Fürchte dich nicht, ich werde mit dir sein ... ich werde dich führen ... du wirst siegen."

War die Unfehlbarkeit der Kirche nicht vereinbar mit der menschlichen Schwäche, so war sie es mit der göttlichen Allmacht. Sie war nicht das Ergebnis menschlicher Tugend, sondern der Liebe Gottes, der ungeachtet der spärlichen Tugend des Menschen und seiner kindischen Fehler imstande sein würde, sein Volk unter seiner unbeirrbaren Führung ans Ziel zu bringen.

Gott, der Mose, Petrus, Innozenz III. zu Führern seines Volkes machte, war nicht aus der Bahn geworfen, wenn das Hirn der Führer verkalkte oder wenn sich in ihrem Herzen die Schlacken häuften, sondern trotz Sklerose und Schlacken durfte das Volk gewiß sein, daß es ins Reich Gottes gelangen würde.

Es ging also nicht um einen Führungswechsel oder um die Gründung einer anderen Kirche, sondern um den Glauben, daß die Kirche bereits gegründet war und daß wir auf den Heiligen Geist vertrauen können, der sie leitet, wie er Mose, wie er David, wie er Petrus geleitet hatte und nun auch Innozenz III. leitete, den wir mit seinen menschlichen Schwächen vor wenigen Tagen gesehen hatten.

Ja, wir sollten glauben, daß die Kirche schon vor uns gegründet war und daß wir nicht besser wären als die andern. Weit von uns der Gedanke, wir seien tauglicher, weil wir schlecht gekleidet waren und in armseligen Hütten lebten! Weit von uns die Versuchung des „Wären wir rangekommen, wären die Dinge ganz anders gelaufen".

Nein.

Wir als Kirche würden so weitermachen und würden Heilige und Sünder sein, fähig zu hohem Streben und zu Schändlichkeiten, wären Ort des Friedens und Dschungel frecher Gewalttaten. Alles würde stets abhängen von der persönlichen Heiligkeit, vom Einsatz und Gebet der Heiligen, von der Opferbereitschaft der Demütigen, von der wahren Gefolgschaft Christi.

Eins war jedoch sicher. Auch wenn wir auf der Strecke blieben, von unseren Sünden und unserer Untreue zerrüttet, würde doch die Kirche nicht auf der Strecke bleiben, so wenig wie das Volk Gottes in der Wüste oder in der entsetzlichen Einsamkeit Babylons unterging.

Der „kleine Rest" würde ans Ziel kommen.

Dafür bürgte Gott selbst.

Meine Kirche, meine Kirche,
bist du oft auch meine Last,
immer meine Liebe hast,

würde ich zur Gitarre singen, wenn ich nachts durch Assisi käme, um nachzusehen, was sich tut. Und das gälte sowohl für die große wie für die kleine Kirche, welche die meine ist, nämlich die franziskanische.

Los, würde ich zu den Brüdern sagen, die mir schlaftrunken entgegenkämen, um ihren heiligen Franziskus zu sehen: „Gehen wir auf die Rocca und sprechen wir ein wenig miteinander."

Heute Nacht scheint der Mond. Aber nötig wäre es nicht, hat doch die Stadtverwaltung eine wahrhaft beeindruckende Illumination über euren Häusern angeordnet. Ich muß wirklich sagen, sie sind sehr schön und werden von den Scheinwerfern bestens zur Geltung gebracht. Es ist ein Vergnügen, sie zu betrachten.

Nie hätte ich zu meinen Lebzeiten gedacht, daß ihr Assisi in ein so hübsches und anmutsvolles Städtchen verwandeln würdet.

Ganz wunderbar diese Basiliken!

Tüchtig seid ihr gewesen, ihr Brüder!

Ich habe genug Geschmack, ich Franziskus, um nicht umhin zu können, die Einheit, Harmonie, die feinproportionierte Architektur eurer Klöster zu bewundern. Ich könnte euch leicht wegen einiger Sachen tadeln, die nicht gerade nach meinem Geschmack sind, aber ich tue es nicht. Auch ich bin seit damals gereift und ich würde nicht mehr die Klöster in Trümmer werfen, wie ich es damals tat.

Acht Jahrhunderte sind vergangen, und die Armut kann verschiedene Ausdrucksformen haben. Ich jedenfalls war so ein Träumer, daß ich schnellstens von einem Nichtträumer, der Bruder Elias war, ersetzt wurde.

Doch, ich könnte euch tadeln, aber es ist mir nicht danach. Ich sage euch nur: übertreibt nicht. Eine böse Zunge von Bankangestelltem, er gehört zum Dritten Orden der Franziskaner, hat mir zugeflüstert, eure Bankkonten seien etwas dicklich ... Ich nehme an, es ist nicht wahr, schon weil das Bankgeheimnis, an das auch er gebunden ist, gegen ihn spräche.

Wie auch immer, ich bitte euch um eines: Wenn ihr Geld habt, gebt es gut aus und zwar für die Armen, die wir alle so sehr geliebt haben.

Wenn ich im Jubiläumsjahr als Pilger gekleidet durch Assisi kommen werde – und ich werde kommen –, so schlagt mir nicht die Tür vor der Nase zu und sagt nicht, ihr habt keinen Platz. Beherbergt mich wie einen Armen, laßt mich arbeiten, aber beherbergt mich.

Es ist häßlich, daß gerade ihr vor den Armen, die nicht zahlen können, die Tür zuschlagt.

Was meint ihr?

Und noch etwas.

Nachdem ihr mich aufgenommen habt, laßt mich mit euch beten. Am Morgen und am Abend. Am Morgen könnten wir die Laudes zusammen beten, und ich wünsche mir, daß man das erleben könnte, ohne sagen zu hören: „Dieses Fresko, meine Herrschaften, ist aus dem 15. Jahrhundert ..."

Und wenn wir uns abends mit allen Touristen versammeln, die mit uns beten und die Vesper singen wollen, bitte ich euch, sorgt für Stille. Es ist wichtig, und die Leute wissen es zu schätzen.

Denn, wenn die Besucher nicht eine Atmosphäre gereifter Geistigkeit finden, reden sie hinterher schlecht von euch und sagen, ihr hättet die Kirche zu einem Museum gemacht und hättet euch dazu hergegeben, Fremdenführer zu spielen.

Das paßt nicht gut, findet ihr nicht?

Aber warum schaut ihr mich so an? Seid ihr nicht zufrieden? Habt ihr eine härtere Predigt gewollt? Die habe ich schon einmal vor achthundert Jahren gehalten. Heute möchte ich mich mit weniger begnügen.

Und dann, in diesen Jahrhunderten habe ich auch etwas dazugelernt, und ich möchte es euch sagen.

In Sachen Armut ist es schwer zu urteilen.

Es gibt das äußere Zeichen wie das ärmliche Kleid, die enge Wohnung, der rohe Holztisch, die angeschlagene Schüssel, das harte Bett, der fadenscheinige Sack, und es gibt die Wirklichkeit, die wahre Armut, die inwendig und unsichtbar ist. Heute ziehe ich die Wirklichkeit vor, und ich sehe sie besser in ihrer Wesenstiefe, auch weil sie weltweit geworden ist.

Nicht nur der ist arm, der die Miete nicht bezahlen kann, sondern auch der an Krebs erkrankt ist.

Nicht nur der ist arm, der in einer elenden Vorstadt lebt, auch der Drogensüchtige, der Ungeliebte, der Abgeschobene, der Einsame.

Und dann ist da noch etwas, was mich stört und was uns zu meiner Zeit nicht im Traum eingefallen wäre, und ihr tut es.

Ihr spielt mit der Armut und mogelt dabei.

Es ist bei den jungen Leuten Mode geworden, sich schäbig zu kleiden, Arbeitshosen anzuziehen, auch wenn sie nur ans Vergnügen denken. Beliebt sind alte Schüsseln und wurmstichige Tische als antiquarische Raritäten.

Kurz, es ist schwer zu urteilen. Und ich will nicht urteilen.

Ich sage euch nur: stellt euch vor Gott hin und laßt euch von ihm beurteilen, denkt aber dies: Am Abend eures Lebens werdet ihr nach eurer Liebe beurteilt, nicht nach der Armut.

Das sage ich, weil vor den Toren der Kirche die Armut das Feld geworden ist, wo der Arme dem Reichen, der Arbeiter dem Arbeitgeber mit Haß begegnet.

Seligkeit ist das nicht mehr und nicht einmal Evangelium: es ist Marxismus. Ihr merkt es wohl gar nicht, mit welcher Leichtigkeit man sich die Lungen vollpumpen kann mit dem Geist der Zeit, der bestimmt nicht der Geist des Evangeliums ist.

Zwischen einem christlichen Gewerkschaftler und einem aus anderem Lager gibt es fast keinen Unterschied mehr. Und das ist traurig, sehr. Es ist, wie wenn die Prophetengabe erloschen wäre.

Vergeßt nie, die Liebe ist Gott selbst, während die

Armut nur das Kleid ist. Hängt euch also nicht an das Kleid, wenn ihr nicht fähig seid, den Menschen, der es trägt, zu sehen, zu ertragen, zu lieben

auch wenn er ein Sünder ist,

auch wenn er ein Bürgerlicher ist,

auch wenn er, sagen wir, ein Monsignore, ein Domherr ist.

Laßt mich noch etwas sagen und verzeiht, wenn ich vom Thema nicht wegkomme.

Ihr lebt in einer seltsamen, widersprüchlichen, doppeldeutigen Zeit. Je reicher ihr seid, desto mehr redet ihr von Armut, je bürgerlicher ihr seid, desto mehr „spielt" ihr arme Kirche, je mehr ihr von Gemeinschaft redet, desto mehr lebt ihr isoliert und abgetrennt. Zwischen gesagt und getan ist ein Ozean, bei euch aber wirklich. Es ist der Ozean eures Geschwätzes, darin ihr noch ertrinkt. Darum bringe ich es nicht über mich, euch eine besonders scharfe Rede zu halten, denn scharf im Reden seid ihr mehr als genug.

Man braucht nur bei euren Kirchenversammlungen zuzuhören.

Schrecklich, wie ihr scharf, hart, radikal seid.

Schade nur, daß diese Härte, diese Radikalität immer gegen die „anderen" gerichtet ist. Nie gegen euch selbst. Nach allem sieht es so aus, als bestehe eure Leidenschaft darin, die anderen zu bekehren!

Und ich Franziskus sage euch: zielt auf eure eigene Bekehrung, und ihr werdet sehen, daß ihr manches besser versteht. Dies vor allem: daß es eitel Unsinn ist, zu meinen, man könne die Franziskaner ändern, die Kapuziner, die Klosterleute, und weiter ... die Jesuiten, die Salesianer, die Kleinen Brüder ...

Unmöglich ist das!

Was möglich ist, das ist die Bekehrung des Menschen.

Die Geschichte hat ihre Gesetze, und keine Institution entgeht dem Verschleiß der Zeit, wie heilig und groß ihr Gründer auch gewesen sein mag. Nur der nackte Mensch, der aller Dinge ledig ist, der kann dem Verschleiß entgehen, wenn er es fertigbringt, sich der Nacktheit des Evangeliums zu stellen und sie sich zu eigen zu machen.

Meine Kinder – so möchte ich zu euch sagen, wenn ihr mich Vater Franziskus nennt –, glaubt nicht an die Reform eures Ordens, glaubt an eure persönliche Reform.

Meine Brüder – so möchte ich zu euch sagen, wenn ihr mich Bruder Franziskus nennt –, seid heilig und die Welt wird euch heilig erscheinen.

Die Beredsamkeit der Zeichen

Was mir sehr bald nach meiner Bekehrung aufging und immer vertrauter wurde, war die Kraft der Zeichen. Voll Freude wurde ich gewahr, daß alles, was mich umgab, Zeichen Gottes war, auf ihn deutete. Und ich konnte nicht mehr anders, als bei allem, was ich erblickte, an ihn, meinen allerhöchsten und guten Herrn zu denken.

Ich kann sagen, daß ich mich Tag und Nacht in Gott eingetaucht fühlte, und keine Macht der Welt hätte mich von dieser süßen und starken und wahren Gegenwart ablenken können. In dieser Schule lernte ich etwas sehr Wichtiges zu begreifen und zu leben, es war eine grundlegende Lektion.

So wie Gott Zeichen setzte, um zu uns zu sprechen, die Dinge zu verdeutlichen, sollten wir es gleichfalls tun, sei es, um nicht Zeit zu verlieren, sei es, um uns auf unserem Weg zu prüfen und uns in unseren Schwächen zurechtzuweisen. Zeichen sollten wir setzen als konkrete Veranschaulichung unseres Denkens, Zeugnis dessen, was wir sein wollten, Katechese des gelebten Evangeliums.

Ich erinnere mich an eines der ersten Zeichen, auf das ich verfiel, um die Verachtung des Geldes und die Überwindung der Habsucht handgreiflich zu machen.

Bernardo da Quintavalle und Pietro di Cattaneo waren zu mir gekommen. Bernardo war steinreich und

Pietro war Priester und Kanonikus. Ich sagte zu ihnen: Schlagt das Evangelium auf und lest, wie es sich trifft.

Da stand zu lesen: „Wenn du vollkommen sein willst, so verkaufe, was du hast, gib es den Armen, dann komm und folge mir."

Brüder, habt ihr verstanden, was der Herr sagen will?

Ja.

Sie gingen weg. Bernardo verkaufte seine Habe und Pietro verzichtete auf seine Pfründe.

Ich sehe mich noch an jenem Morgen des Mai 1208 auf dem Platz San Pietro in Assisi. Bernardo schleppte eine Schürze voller Sachen an. Ich fing an mit beiden Händen Münzen herauszuschöpfen und sie zu verteilen.

Das gab ein Getümmel! Von allen Seiten, aus allen Löchern kamen die Leute, Arme und nicht nur Arme. Alle schnappten zu. Ein Schauspiel war das! Wir gaben bis zum letzten Heller.

Doch was war mir das für ein befreiendes Erlebnis in jener Morgenstunde, und ich sah unter diesem Zeichen die ganze Versklavung des Menschen ans Geld. Ein anderes Zeichen, das ich meinen Brüdern und mir in aller Schlichtheit zu setzen versuchte, war, als ich Bruder Rufino zum Predigen nach Assisi schicken wollte.

In den „Fioretti" könnt ihr diese Geschichte nachlesen.

Bruder Rufino brachte vor: „Ehrwürdiger Vater, ich bitte dich, verzeih mir, aber schicke mich nicht dorthin, denn, du weißt doch, ich bin nicht gut im Predigen, ich bin ein einfältiger Tölpel."

Nun also, soll Sankt Franziskus gesagt haben: „deswegen, weil du nicht unverzüglich gehorcht hast, befehle ich dir im heiligen Gehorsam, daß du nackt, wie du geboren bist, bloß mit Unterhosen bekleidet, dich nach Assisi verfügst und nackt wie du bist in eine Kirche gehst und dem Volke predigst."

Auf dieses Geheiß zog genannter Bruder Rufino sich aus und begab sich nach Assisi, betrat eine Kirche, verneigte sich vor dem Altar, bestieg die Kanzel und begann zu predigen.

Worauf die Kinder und alle Leute in Gelächter ausbrachen und sagten: „Da sieht man's, die tun soviel Buße, bis sie närrisch und von Sinnen sind."

Wie nun der heilige Franziskus über den pünktlichen Gehorsam Bruder Rufinos nachdachte, welcher einer der edelsten Männer Assisis war, und über den harten Befehl, den er ihm gegeben hatte, machte er sich selbst Vorwürfe und sprach zu sich: „Wie kannst du dir das herausnehmen, Sohn des Pietro Bernardone, elender Tropf, und dem Bruder Rufino auftragen, nackt zu gehen und dem Volk zu predigen wie ein Verrückter? Bei Gott, erfahre es doch am eigenen Leib, was du anderen befiehlst!"

Und alsbald, vom Eifer getrieben, zog er sich nackt aus und ging nach Assisi, um zu predigen ...

Den Rest brauche ich nicht zu erzählen, ihr kennt ihn, aber ihr könnt glauben, an jene Predigt haben wir uns noch lange erinnert.

Um jene Zeit übte ich mich im Vertrauen auf Gott, in der Einfachheit, die wir in unseren Umgangsweisen mit Gott annehmen sollen, und in der Zuversicht, von ihm geführt zu werden und uns wie Kinder in seiner Hand zu wissen. Dafür steht folgendes Zeichen, das in den „Fioretti" aufbewahrt wurde:

Eines Tages, so heißt es dort, war der heilige Franziskus mit Bruder Masseo unterwegs, und dieser Masseo ging ein bißchen voraus und kam an eine Weggabelung: der eine Weg versprach nach Florenz zu führen, der zweite nach Siena und der dritte nach Arezzo. Bruder Masseo wandte sich zu Franziskus um: „Vater, welchen Weg sollen wir einschlagen?"

Franziskus antwortete: „Den Weg, den Gott will."

Bruder Masseo fragte weiter: „Und wie können wir den Willen Gottes erkennen?"

Drauf Sankt Franziskus: „An dem Kennzeichen, das sich herausstellen wird. Weshalb ich dir im Namen des heiligen Gehorsams befehle, daß du hier an dieser Wegkreuzung, an der Stelle, wo deine Füße stehen, dich rundum im Kreise drehst und drehst, wie die Kinder tun; und hör nicht auf damit, bis ich es dir sage."

Da fing Bruder Masseo an sich im Kreis zu drehen, und schwindlig wurde ihm vor lauter Drehen, so daß er mehrmals hinfiel. Aber da ihm Franziskus immer noch nicht Einhalt gebot, machte er getreulich weiter.

Endlich – er wirbelte unvermindert im Kreis – sagte Franziskus: „Bleib stehen und rühr dich nicht." Da stand er still und Franziskus fragte ihn: „Nach welcher Richtung hältst du das Gesicht?"

Bruder Masseo gab zur Antwort: „Nach Siena".

Worauf Franziskus sagte: „Das ist der Weg, den Gott uns gehen heißt."

Während sie auf diesem Weg dahingingen, kam Bruder Masseo nicht aus seiner Verwunderung heraus über das, was der heilige Franziskus ihn wie ein Kind hatte tun lassen, und er brummelte ständig vor sich hin ...

... Ich muß sagen, ich Franziskus, daß Bruder Masseo alle Zeit hatte, zu begreifen, daß tatsächlich Gott eingegriffen hatte in diese mit so seltsamen und so kindlichen Mitteln bewerkstelligte Entscheidung.

In Siena gingen rivalisierende Parteien mit Messern aufeinander los, als wir eintrafen. Sie wollten uns anhören, und wir sprachen mit Schlichtheit und Glut. Gott tat das übrige, und in Siena zog an jenem Tag Frieden ein.

Ein anderes Zeichen, das ich gelegentlich vor meinen Brüdern setzte, sollte sich ihnen einprägen, damit sie alle Menschen mit Milde behandelten, Räuber eingeschlossen. Es war im Kloster von Monte Casale, das erst seit kurzem stand. Ich hatte dort einen lieben guten Bruder namens Agnolo als Guardian eingesetzt.

Räuber machten die Gegend unsicher, und eines Tages kreuzten die Schelme auch im Kloster auf. Bruder Agnolo erkannte sie und jagte sie mit passenden Kraftausdrücken davon.

Als ich, Franziskus, hinkam, mit dem Ertrag des Almosenbettels, der außer Brot sogar einen schönen Krug Wein umfaßte, kam mir zu Ohren, auf welche Weise Bruder Agnolo die Räuber weggejagt hatte.

Ich schalt ihn aus, und damit er sich's merke, daß Gott alles vermag und daß wir nicht dazu bestellt sind, Menschen zu richten, auch wenn sie Räuber sind:

„Weil du gegen die Liebe gehandelt hast und gegen das heilige Evangelium Christi, befehle ich dir im heiligen Gehorsam, daß du auf der Stelle diesen Sack mit Brot, das ich erbettelt habe, und diesen Krug Wein nimmst und ihnen eiligst über Berg und Tal hinterher läufst, so lange bis du sie gefunden hast; alsdann überreiche ihnen dieses Brot und diesen Wein in meinem

Namen und knie dich vor ihnen nieder und klage dich demütig deiner Härte an, und dann bitte sie in meinem Namen, sie mögen aufhören Böses zu tun, sie mögen Gott fürchten und nicht mehr ihren Nächsten kränken: und wenn sie dies tun, verspreche ich ihnen, für ihre Bedürfnisse Sorge zu tragen.

Während Bruder Agnolo hinging und den Befehl des heiligen Franziskus ausführte – so wird weiter berichtet – versenkte sich dieser ins Gebet und flehte zu Gott, daß er die Herzen dieser Räuber erweiche und sie zur Buße bekehre. Und so geschah es."

Zeichen setzen.

Zeichen aufstellen, daß sie zu uns sprechen, uns an die Wahrheit, an die Liebe gemahnen. Die ganze Liturgie ist ein lebendiges Zeichen, ein leuchtender Hinweis auf die unsichtbaren Dinge.

Heute gibt es ein gutes Zeichen zu setzen für den, der die Armen liebt, und das ist die Arbeit, besonders wenn es eine Plackerei, harte, schmutzige, schlecht bezahlte Arbeit ist.

Wie ihr die Osterkerzen entzündet als Zeichen der Gegenwart des gekreuzigten und auferstandenen Christus und wie die Gemeinde durch dieses Zeichen hingezogen wird, Jesu zu gedenken, der sich, Licht spendend, verzehrt, so helfen wir den Brüdern durch das packende Zeichen unserer Verachtung des Geldes, daß sie ihre wahre Befreiung von den Götzen finden.

Wie ihr euch im Meßopfer demütig vor dem Zeichen der Eucharistie niederbeugt und wie ihr euren und eurer Brüder Glauben durch den Sinn des Kleinseins vor Gott in Erinnerung ruft, so hat jenes Zeichen des in Demut übernommenen Predigens meine

Brüder mit dem wahren Sinn des Gehorsams vertraut gemacht.

Zeichen setzen.

Wir haben in unserer Zeit kurzerhand das Zeichen des Almosens gesetzt. Mir wäre es lieber gewesen, gleich das Zeichen der Arbeit für unsere religiöse Lebensweise zu setzen, aber das war nicht möglich. Die Arbeit war zu meinen Zeiten ein Luxus – bezahlte Arbeit, versteht sich –, wie für euch heute eine Anstellung in einer Bank zu haben.

Wenn wir die Armen erreichen wollten, mußten wir uns zur Bettelei verstehen, und wir gingen voll und ganz darauf ein. Mit diesem Zeichen, das wir setzten, bedeuteten wir der Kirche, wo das Problem lag, und sagten zu den Bettlern: „Mut, wir sind da, wir halten zu euch."

Heute freilich ist dieses Zeichen außer Kraft und kein vernünftiger Ordensbruder wird einen Sinn darin finden, betteln zu gehen, während für mancherlei „schmutzige" Tätigkeiten Arbeitskräfte fehlen. Um Brot betteln, während wir es uns durch Arbeit verschaffen können, ist abwegig und kann zum Ärgernis werden.

Ein anderes Zeichen, das unsere Klöster sogleich setzten, bestand darin, für die Leidenden eine Zuflucht und Hilfe zu sein, für sie einzustehen.

Wie sich ein Verfolgter in eine Kirche flüchtete, weil dort niemand gewagt hätte, das Schwert gegen ihn zu ziehen, so wußten die Armen, daß die Klöster ihre Zuflucht waren, wo sie Brot, Trost, Freundlichkeit erwarten durften. Das war unser wahrer Ruhm, und ich darf sagen, daß die ganze Kirche von diesem Ruf gezeichnet wurde.

Das gilt auch heute noch. Jedes christliche Haus, jedes Kloster, jeder Bischofssitz soll eine offene Tür für Menschen haben, die leiden.

Und daß diese Tür womöglich auch sichtbar sei und daß sich dahinter nicht allzu glänzende Säle und kolossale Treppenhäuser auftun, vor denen die Armen erschrecken, weil ihnen dann eher die Zeichen der Größe und Macht statt die der Demut und Wahrheit entgegentreten.

In meinem etwas kindischen Überschwang habe ich mir oft ausgemalt, ich würde den Vatikan verkaufen und den Erlös den Armen geben, und ich könnte der Kirche beibringen, sie müßte jetzt endlich einmal Fakten setzen, wenn sie im Ernst das Wort Gottes verkünden will.

Jetzt bin auch ich gereift, und wie ich mich nicht mehr beim Anblick eines großmächtigen Klostergebäudes aufrege, so kann ich einen Rundgang um den Vatikan machen, ohne aus der Haut zu fahren.

Doch wie ich vor achthundert Jahren von der Kraft der Zeichen überzeugt war, die ich vor meinen Brüdern setzte, so bin ich es heute noch, und darum meine ich, ich müßte euch noch etwas sagen. Und auch das, ohne jemand ärgern zu wollen.

Stellt euch vor, ihr kämt als Pilger nach Rom, ihr freut euch darauf, in den herrlichen Kirchen zu beten und den Papst zu sehen und seine Stimme zu hören, wie wenn es Jesus wäre.

Recht schön …

Und wie wäre es, wenn ihr außer der Glockentür,
außer der Bronzetür
außer der Porta Sant'Anna
außer dem Eingang in die Museen

eine kleine Tür aufsuchen würdet, die die Aufschrift trägt:

„Kommt alle zu mir, die ihr mühselig und beladen seid, ich will euch erquicken“?

Und eintreten und sich aufgenommen fühlen von einem schlichten, kargen, aber freundlichen Raum, wo ein Mann oder eine Frau auf euch zukommt, ein lebendiger Mensch, der euch das Gefühl von einer lebendigen und für die Armen aufgeschlossenen Kirche gibt.

Nicht als fehlte es im Vatikan oder in euren Organisationen an Liebe! Ich denke, das alles ist ein Werk der Liebe, nur, was oft fehlt, ist das Zeichen.

Oder es ist wohl eines, aber ein zu großes, zu ansehnliches Zeichen, viel zu wirkungsvoll, als daß die Armen es verstehen könnten, wie zum Beispiel ein apostolischer Abgesandter, eine Rundfunkanstalt, ein Kardinalspalast, wie es sie früher gab.

Die Menschen von heute sind empfänglich für kleine bescheidene Zeichen, Hauptsache sie sind konkret und verständig, und sie entspringen einem Akt unmittelbarer Liebe, die hier und heute mit Stärke und Beharrlichkeit gelebt wird.

Papst Wojtyla, der ein Kind aus der Menge emporhebt, der sich niederbeugt und die Erde küßt, der angesichts einer schmerzlichen Szene weint, der in eine afrikanische Hütte oder in eine südamerikanische Favela hineingeht, setzt Zeichen, die für sich sprechen und die ihn mit den Armen verbinden. Ist es nicht so?

Darum, wenn ich in irgendeinem Pilgerzug verborgen nach Rom kommen werde, will ich schauen, ob ich eine kleine offene Tür in den berühmten Mauern finde, eine bescheidene Tür, geeignet für mich, Franziskus von Assisi.

Der Vorrang der Gewaltlosigkeit

Wenn ich, Franziskus, zufällig einmal in die Bücher hineinschaue, die ihr in großen Mengen und zweifellos in sehr gutem Stil über mich nach meinem Tod geschrieben habt, so muß ich gestehen, daß mir von alldem die Geschichten der „Fioretti" am besten gefallen. Ich finde mich da drinnen wohl.

Ich erinnere mich nicht in allen Fällen, ob es genau so zugegangen oder nur gut erfunden ist, aber ... was schadet es. Mir gefallen sie. Auch wenn sich die Geschichten nicht so zugetragen hätten, so erzählt, wie sie sind, sind sie schön und gut. Ich nehme sie alle an, sie geben eine allerdings geschmeichelte Fotografie von mir, gütigerweise, aber es ist die Fotografie der Gewaltlosigkeit, und ich beehre mich, sie anzunehmen, und danke euch, daß ihr mich verstanden habt.

Ja, ich war ein Gewaltloser, und die „Fioretti" sind ein schöner Traum für mich und für euch.

Im Grunde träumt jeder von uns eine Welt, die durch demütige Liebe und Milde verwandelt und befriedet ist. Ihr doch auch?

Mag einer lächeln über die Episode mit dem Wolf von Gubbio, aber wenn er ein Kind gewesen ist, ein richtiges Kind, dann hat er bestimmt den Wunsch gehabt, die Probleme so zu lösen, wie ich sie in Gubbio gelöst habe, damals an jenem kalten Morgen, als Schnee gefallen war.

Was haben sich nicht alles für Träume gesponnen um diesen von gewalttätigen Menschen gehetzten Wolf, der vom Hunger in die Enge getrieben wurde.

Ich muß euch sagen, Brüder, eine Geschichte dieser Art hatte ich Jahre zuvor als Kind geträumt. Man hatte mir erzählt, daß es auf den Bergen der Apenninen Wölfe gebe, die vom Hunger getrieben heruntersteigen und die Herden bedrohen.

Und damals kannte ich Christus noch nicht.

Im Traum bin ich auf den Wolf zugegangen, mit nichts bewaffnet als mit Zärtlichkeit. Und das Tier stand still.

Nun da ich die Zärtlichkeit Jesu kannte, nun hätte ich Angst haben sollen? Ich hätte mich mit der Hippe bewaffnen sollen? Ich hätte auf den Felsen von Gubbio Blut sehen wollen, und wäre es auch nur das eines Wolfes?

Nein, Brüder, ich hatte keine Angst. Ich hatte keine Angst mehr, seit ich erfahren hatte, daß mein Gott auch der Gott des Wolfes ist.

Was in der Sache mit dem Wolf von Gubbio ungewöhnlich war, das war nicht, daß er sich besänftigen ließ, sondern daß sie, die Einwohner von Gubbio, sich besänftigen ließen und daß sie dem Wolf, der frierend und halb verhungert herankam, nicht mit Hippen und Äxten entgegengegangen sind, sondern mit Speise, mit warmer Polenta.

Darin liegt das Wunder der Liebe: zu entdecken, daß die Schöpfung ein zusammengehöriges Einiges ist, von Gott entworfen, der allen Vater ist, und wenn du waffenlos und friedvoll wie er auftrittst, wird die Schöpfung dich erkennen und dir zulächeln.

Darin liegt das Prinzip der Gewaltlosigkeit, die ich

euch mit aller Leidenschaft, deren ich fähig bin, einreden möchte.

Wenn ich vorhin gesagt habe, sprecht nicht soviel von Armut, sie ist doch zweideutig und schwer zu erklären in dem Wirrwarr von bürgerlicher und sozialistischer Kultur, so sage ich euch mit um so mehr Nachdruck: sprecht von Gewaltlosigkeit, seid Apostel der Gewaltlosigkeit, verzichtet selber auf Gewalt.

Es ist wahrlich die Stunde dazu: die auch die letzte sein könnte, da ihr auf einem Pulverfaß sitzt und von einem Moment zum andern in die Luft gehen könnt.

Unterschätzt die Gefahr nicht: ich habe deutlich das Gefühl, daß ihr, bevor das Jahrhundert zu Ende geht, noch allerhand zu leiden habt. Besser, ihr bereitet euch vor, und besser, ihr hofft auf die Bekehrung der Menschen. Auch Ninive hat sich bekehrt und wurde verschont.

Hört mir gut zu.

Das Wort von der Gewaltlosigkeit trifft heute auf wache Ohren: es ist klar und einfach, und ihr könntet mit seiner Dynamik wirklich das Antlitz der Erde verwandeln.

Ihr sprecht heute viel von Menschenrechten, und das ist gut. Das erste Menschenrecht ist, von niemandem Gewalt zu erleiden, in Frieden gelassen zu werden.

Das Thema ist von biblischer Spannweite und ihr müßt es bis zum Grund erfahren. Sagen wir gleich, es kommt von weither, es ist uralt.

Die Gewaltlosigkeit betrifft allererst die Natur, Himmel und Meer, die Bodenschätze im Berginnern, die Wälder, die Luft, das Wasser, das Haus.

Diesen Dingen vor allem darf man nicht Gewalt antun, und leider habt ihr diese Sünde hemmungslos begangen, ich weiß nicht, ob ihr euch noch retten könnt.

Ihr habt die Wälder ermordet, die Meere verschmutzt, alles und jedes ausgeplündert wie Banditen. Eure Schreckensherrschaft über die Natur kennt keine Grenzen. Gäbe es einen Richterstuhl des Himmels, der Meere und Bergminen, ihr würdet alle oder fast alle zum Tode verurteilt.

Doch vielleicht gibt es diesen Richterstuhl, wenn auch unsichtbar. Ihr fangt ja schon an zu zahlen.

Die Luft ist nicht mehr zum Atmen, die Nahrung steckt voll Gift, der Krebs schlägt zu.

Heute, nachdem ihr fast alles zerstört habt, ernennt ihr mich zum Heiligen der ökologischen Bewegung. Ein wenig spät, gebt es zu. Ich weiß nicht, was wir unternehmen können.

Ihr seid an eine unhaltbare Grenze gelangt und habt kein Recht, euch zu beklagen. Ihr seid gewissenlos.

Ihr hört nicht auf, das Falsche zu fabrizieren und das Rechte verkommen zu lassen. Ihr verbraucht Unmengen von Rohstoffen und Kapital und laßt die Kräfte brachliegen, die hilfreich wären.

Ihr fabriziert Akademiker, die arbeitslos, enttäuscht und angeekelt in den Städten herumlungern und bemüht euch nicht, junge Menschen so heranzubilden, daß sie konstruktive, einfache, handwerkliche, bäuerliche Arbeit lieben und daß sie mehr als Geld einen sauber gearbeiteten Gegenstand oder ein Stück kräftiges Brot schätzen.

Die Gewißheit, daß ihr vom Wege abgeirrt seid, könnt ihr an eurer Traurigkeit ablesen. Die sagt euch, wie groß eure Verfehlungen sind. Ihr seid entsetzlich traurig.

Die Fröhlichkeit ist euren Häusern fern, die mit allem Aufwand gebaut, aber leer von Menschlichkeit sind, vor allem leer von Humor.

Und dabei habt ihr viel gearbeitet und solltet wenigstens für eure Mühe, die ihr hineingesteckt habt, ein wenig Ruhe genießen.

Statt dessen? ... Ihr berechnet eben alles nach dem Maßstab des Geldes, das ist euer Fehler.

Jener Kapitalismus und jener Liberalismus, der einzig das Geld zur Triebfeder des Handelns machte, geht an seinen Fehleinschätzungen und Niedrigkeiten zugrunde.

Es konnte scheinen, als habe der Marxismus einen besseren Pfad betreten, indem er die Arbeit an die Stelle des Geldes setzte, aber auch er hat vom Menschen fast nichts verstanden. Er hat ihm Gewalt angetan und hat nicht minder traurige und öde Systeme errichtet.

Es macht wenig Freude, durch eine sozialistische Stadt zu spazieren! Sowenig wie man in gewissen Vierteln New Yorks und Tokios atmen kann.

Zumindest solltet ihr zugeben, daß ihr es falsch gemacht habt und immer noch falsch macht, daß ihr Pfuscher seid und, was ärger ist, daß ihr allzu bereitwillig vor dem Geld kuscht.

Seid ihr nicht käuflich?

Euer Grundirrtum ist, daß ihr an die Spitze der Wertskala das Geld setzt und nicht die Wahrheit und die Liebe.

Es ist doch wegen des Geldes, daß ihr die Natur ausplündert, ohne im mindestens daran zu denken, daß eure Untaten auf eure eigenen Köpfe herunterhageln werden, was ihr bereits zu spüren bekommt.

Aber es ist nutzlos, auf das Verkehrtgemachte zu starren. Nützlicher wäre es, einen Blick in die Zukunft zu werfen, wenn man auch weiß, daß die Bekehrung der Menschen eine harte Sache ist.

Jeremia sagte: „Das Herz des Menschen ist unheilbar."

Ich an eurer Stelle – ein Wirtschaftsfachmann bin ich nicht – würde der Einsicht des Unwissenden folgen, der keine Fünfjahrespläne macht, sondern nur auf das Wohlergehen des Menschen und auf die Naturwirklichkeit achtet.

Inzwischen würde ich damit anfangen, den ländlichen Gebieten den Vorrang zu geben und die Städte als den ersten Irrtum zu betrachten. Warum bieten viele Großstädte einen so erschreckenden Anblick von Menschenhaufen, die sich um die Peripherie drängen und menschenunwürdig leben?

Brachte die technologische Periode, die ihr durchlebt habt, eine Zusammenballung der Menschen in den Städten mit sich, so würde die Periode der Gewaltlosigkeit, von der ich träume, zu einer für Menschen und Erde wohltätigen Verteilung der Bevölkerung führen.

Nicht nur die Bauern, alle müßten zusammenhelfen, daß die Wälder am Leben bleiben, daß die Bäche, Flüsse und Gräben gereinigt und die Landschaften gegen Zerstörung und Vernachlässigung verteidigt werden.

Wenn ein Junge sein Motorrad verkauft und sich dafür ein Fahrrad zulegt, gebt ihm eine Prämie, wenn ein Bauernhof sich umstellt, elektrische Energie mit einer Windmühle oder durch Abfallverbrennung zu erzeugen, so bringt ihn groß in der Zeitung.

Wer eine Wiese zuschanden macht, den sollt ihr einsperren, und wer einen Baum ohne Not umhaut, dem nehmt eine gehörige Geldbuße ab.

Aber jetzt merke ich, daß ich euch immer noch Sachen nach Art der „Fioretti" erzähle, über die ihr bloß lächelt und an die ihr nicht glaubt.

Ich bin eben ein Träumer.

Ich bin Franz von Assisi.

Aber lassen wir für einen Moment den Umweltschutz beiseite und kommen wir auf den Menschen zu sprechen, den eigentlichen Verantwortlichen in Sachen Gewalttätigkeit und das einzige Geschöpf in der Welt, das die Sachen auf den Kopf zu stellen pflegt.

Warum fesselt euch die Geschichte vom Wolf in Gubbio so sehr? Warum habt ihr sie so hingebungsvoll ausgeschmückt? Wo ihr doch zugleich darüber lächelt und nicht daran glaubt.

Ihr seht in der kleinen Erzählung die Lösung eures drückenden Problems und legt sie sogleich unterm Titel Utopien ab, denn daß ein Wolf durch eine Liebkosung gezähmt wird, das haltet ihr für unmöglich.

Und doch habe ich es euch gesagt. Ich habe euch gesagt, daß das Wunder von Gubbio in der Bekehrung der Dorfbewohner bestand, die es eine kurze Weile für möglich hielten, den Kampf nicht blutrünstig mit Waffen, sondern mit Geschenken, mit freundlicher Speisung zu führen.

Darin liegt des Rätsels Lösung. Das ist die Geheimschrift im Plan Gottes mit den Menschen.

Das Unmögliche für möglich halten.

Hoffen gegen alle Hoffnung.

Lieben, was nicht liebenswert scheint.

Gottes Angebot an den Menschen hüllt sich immer in den Schleier dieses Geheimnisses und verdichtet sich zur Frage:

Kannst du glauben?

Kannst du hoffen?

Kannst du lieben?

Wenn du Ja sagst, schenke ich dir das Unmögliche.

Kannst du glauben, daß Gott existiert?

Wenn du mir Ja sagst, so existiert Gott und im Glauben gewahrst du seine Existenz.

Kannst du auf die Rettung aller Welt hoffen?

Kannst du hoffen, daß du dazu bestimmt bist, in einem Reich der Wahrheit, des Friedens und der Liebe zu leben?

Wenn du mir Ja sagst, lasse ich dich vor Freude strahlen und schaffe für dich ein Paradies, wo ich dich erwarte.

Kannst du den Menschen lieben, wie ich ihn geliebt habe, so sehr daß ich in seinen Dienst trat und für ihn starb?

Wenn du mir Ja sagst, gebe ich dir Gott durch deine eigene Erfahrung zu erkennen, denn die Liebe wird dich zu ihm führen, der die Liebe ist.

Der Wolf von Gubbio ist nicht ein Märchen, den Kindern vor dem Einschlafen zu erzählen, er ist die außerordentlichste Wahrheit, notwendig zur Rettung der Menschen, besonders heute, wo alle zusammen auf einem ungeheuerlichen Lager von Atombomben sitzen.

Jeder Mensch hat im andern Menschen das Bild

des Wolfes. Läßt er sich angesichts seiner von der Angst packen und verliert er die Ruhe, dann ist alles verloren, dann bleibt bloß noch das Zerreißen.

Eure Gefahr besteht nicht in der Bosheit der Amerikaner oder der Russen. Vielmehr besteht eure Gefahr in der Angst der einen vor den andern.

Ich kenne die Russen und die Amerikaner genügend, um anzunehmen, daß sie keinerlei Lust haben, eine Massenvernichtung anzurichten. Aber ich kenne auch den Menschen genügend, und soviel weiß ich: wenn ihn die Angst packt, wird er versuchen, auf den Knopf der Zerstörung zu drücken, aus Angst, der andere werde als erster darauf drücken.

Der Mensch ist mit seinem Erfindungsgeist dahingelangt, wo er wollte, er hat mit seiner Technik die Grenze seiner eigenen Schutzzone aufgehoben, und nun tritt die Wahrheit hervor: das Böse, die Gewalt wurzelt in der Angst vor dem andern.

Wenn der Mensch Krieg führt, tut er es heute nur noch aus Angst vor irgend jemand.

Nehmt die Angst weg, stellt das Vertrauen her, und ihr werdet Frieden haben. Der Gewaltverzicht besteht in der Vernichtung der Angst.

Darum sage ich es euch noch einmal, ich Franziskus: lernt die Angst überwinden, wie ich es an jenem Morgen getan habe, als ich dem Wolf mit einem Lächeln entgegenging.

Indem ich mich bezwang, war er bezwungen.

Indem ich meine schlechten Instinkte bezähmte, hab ich die seinen gezähmt, indem ich mich zwang, ihm zu vertrauen, fand ich, daß er mir vertraute.

Mein Mut hatte den Frieden gestiftet.

Den Rest könnt ihr euch selber ausrechnen. Überlegt euch nur, wie ihr die Unsummen, die ihr braucht, um euch gegen die Angst abzuschotten, anders verwenden könntet ... wie ihr sie am Tage nach eurem Gewaltverzicht verwenden würdet, um denen zu helfen, vor denen ihr Angst hattet.

Wenn eines Tages eure Jugendlichen, die heute traurig herumhängen in Arbeitslosigkeit und Drogenkonsum, ihre Freude und ihre Berufung darin finden, ihre Kraft für die Länder der Dritten Welt einzusetzen, dann werdet ihr mit den Problemen der andern auch eure eigenen gelöst haben.

Dann werdet ihr erfahren, was Frieden ist.

Ist das zuviel gehofft?

Wer weiß, ob es einen oder den andern gibt, der auf mich hört!

Ich Franziskus von Assisi sage zu ihm: Mut!

Die dunkle Nacht

Je mehr die Jahre vergingen, desto mehr suchte ich die Dunkelheit. Zuerst schrieb ich das einem schrecklichen Augenleiden zu, das nach Auskunft der Ärzte von dem Diabetes kam, der mich schwächte, aber dann begriff ich, daß etwas anderes im Spiel war, das meine ganze arme Existenz in Bann schlug.

Es war, wie wenn der Winter mich von innen in den Griff genommen hätte. Ich hatte kein Verlangen mehr, die Dinge zu sehen. Sogar die Sonne entzückte mich nicht mehr wie früher. Ihre Zeichensprache vom Allerhöchsten, mit der sie abertausendmal meine Pupillen berührt hatte, verstummte. Es war mir jetzt, als sei die Sonne inwendig in mir und als sei sie dunkel.

Meist betete ich mit geschlossenen Augen und ich verstand die Brüder immer besser, die reiferen von ihnen, die für ihre Gebetszeit Grotten aufsuchten und öfters auch das Dunkel der Nacht.

War das Licht so viele Jahre lang der leichteste Anschwung für mich gewesen, mit Gott zu sprechen, so zog mich nun die Dunkelheit an mit ihrem umrißlosenen Geheimnis. Das Wort war dem Schweigen gewichen, und wenn es mir wiederkam, hatte es den Rhythmus der Dinge, die wie der Atem und der Herzschlag immer wiederkehren.

„Mein Gott, mein Alles" wiederholte ich unablässig.

Und das war tatsächlich alles, was ich sagen konnte, denn ich litt sehr.

Und ich hatte Grund genug dazu. Mit meiner heiteren Gesellschaft stand es schlecht. Meine geistliche Familie war gespalten. Die Ritter der Dame Armut verrieten ihre Braut mehr und mehr.

Ich hatte das Gefühl, ich sei nicht mehr fähig, etwas für die Brüder zu tun, ich würde alles verkehrt machen, und die Zeit habe meinen Traum zerfetzt. Jeden Tag kam ein Bruder zu mir und fragte, ob es nicht besser gewesen wäre, die Regel zu ändern, oder er belehrte mich, daß gesunder Menschenverstand am Platz wäre.

Ich wollte Hütten, und um mich her wuchsen die Klöster immer mehr zu Festungen aus.

Ich hatte so sehr gewünscht, wie die Vögel zu leben, ohne irgend etwas zu horten, und nun wurden die Speicher immer geräumiger gebaut.

Ich hatte Gefährten gesucht und geliebt wie Ginepro, Masseo, Leone, Egidio, wahre Schäflein Gottes, und schlicht wie das Wasser, und nun traten immer mehr gelehrte und schlaue Männer in den Orden ein.

Ich konnte nicht mehr.

Wenn ich Trost in San Damiano suchte, wo Clara in vollkommener Armut lebte, bestärkte sie mich darin, den Kampf durchzustehen, indes nahmen meine Kräfte ab und ich fühlte mich von den Ereignissen überrollt.

Was mir zusetzte, war die einträchtig geteilte Ansicht höchst besonnener Männer der Kirche, daß es unmöglich sei, nach der Regel der vollkommenen Armut zu leben.

Es war, wie wenn sie mir sagen würden, das Evangelium könne auf dieser Erde nicht uneingeschränkt gelebt werden, „sine glossa", ohne Wenn und Aber, wie ich es den Meinen eingeprägt habe. Das tönte in meinen Ohren wie ein Verrat an Jesus und wie ein Zweifel an seinem Wort.

Einmal, als wir uns Weihnachten näherten, wollte ich uns das Leben des ganz ganz armen Jesus vergegenwärtigen, und ich versuchte in Greggio die Geburtsszene im Stall von Bethlehem lebensgetreu darzustellen.

Seht, sagte ich zu den Brüdern, seht, es ist möglich. Jesus selbst hat so gelebt. Gott hat sich arm, schwach und klein gemacht und hat sich der Menschheitsgeschichte preisgegeben, nur auf den Vater vertrauend. Seht doch nur, es ist möglich, da Gott selbst so gelebt hat!

Aber die meisten machten nur etwas Sentimentales daraus, und das Ganze drohte in Rhetorik zu enden.

Angesichts der Tatsachen hörte ich sagen: Zur Führung unserer Gemeinschaft braucht es gesunden Menschenverstand. Schau, Franziskus, es ist notwendig, Lebensmittel für den Winter beiseitezutun; schau, Franziskus, der Konvent ist größer geworden. Ein Minimum an Klugheit wird benötigt. Und dann werden Bücher, viele Bücher benötigt.

Die Brüder müssen gebildet sein.

Es genügt nicht, das Evangelium zu lesen!

Das war vielleicht auch wahr, aber ich konnte nicht mehr.

Das Wort Jesu hatte ich nun einmal anders gedacht und gelebt, und ich konnte mir den Kehrvers nicht aus den Ohren bringen: *„Betrachtet die Vögel des Himmels ..."*

Das Tüfteln am Ideal von ehedem, das in Frage stellen der evangelischen Armut, das Zusehen, wie die

Brüder weise wurden an Weisheit der Welt, wurde mir unerträglich und ich verzehrte mich innerlich. Der Schmerz, den schönsten Traum meines Lebens zerschellen zu sehen, war bestimmt viel bohrender als der Schmerz, den mir die kranken Augen verursachten.

Eine andere Quelle von Schmerzen war für mich das Geheimnis einer von politischen Kämpfen entsetzlich besudelten Kirche.

Ich verstand den Christen als Zeugen der Sanftmut Jesu, als treuen Jünger des Lammes, das sich ohne Laut schlachten läßt, und um mich her in den Burgen und Städten, wo ich hinging, um das Wort Gottes zu predigen, sah ich nur Kreuze auf eisernen Schilden und spitzen Degen angebracht, die unter dem Vorwand geschwungen wurden, die Kirche zu verteidigen.

Arme Kirche! Arme Braut Christi!

Sie selber von Waffen starrend, predigte den Kreuzzug gegen die Ungläubigen und organisierte Bündnisse mit den Mächtigen, und sie dachte nur an den Sieg. Sogar die Brüder, meine Gefährten, denen ich so oft gesagt hatte, unsere Sendung sei es, sanft und demütig von Herzen zu sein, träumten von Kreuzzügen und hätten nicht gezögert, die Waffen gegen die Muslime zu erheben, immer mit der Ausrede, Gott durch die Befreiung des Heiligen Grabes Ehre zu erweisen.

Wo stand denn im Evangelium geschrieben, daß es nötig sei, ein Grab zu befreien, und wäre es auch so erlaucht wie das Grab Jesu?

Die Politik überzog eben alles, und vor ihr und vor der Macht wich alles zurück. Und mein Traum von der Gewaltlosigkeit, vom Zugehen auf die Menschen wie Lämmer zerbröckelte immer mehr.

Inmitten dieser chaotischen Zustände hatte ich einmal versucht, eine Reise nach Ägypten zu machen, bis zum Sultan-el-kamel vorzudringen, einfach um mir und den andern zu beweisen, daß man nicht Angst haben müsse, dem Feind waffenlos entgegenzugehen, aber die Mission gelang nicht.

Ich wurde gut behandelt, kam heiler Haut nach Hause, aber um das war es mir nicht gegangen. Ich wollte Frieden bringen, indes ...

Ich fühlte mich geschlagen, gescheitert.

Aber wo die Bitterkeit für mich jedes Maß überstieg, das war angesichts der Spaltung, die in der Kongregation einriß, und der inneren Kämpfe, die jetzt zwischen den Neuereren und denen aufloderten, die der Regel unbedingt treu bleiben wollten.

Dem Streit um die Regel gegenüber fühlte ich mich wie gelähmt. Für mich war die Einheit alles, vor allem war sie das Zeichen der Gnade und die liebevolle Antwort Gottes auf unsere Bemühung, ihm treu zu sein.

Zu sehen, wie die Spaltungen unter uns sich breitmachten, zu hören, wie man an den Sätzen des Evangeliums herumschnippelte und sich von der ursprünglichen Einfachheit entfernte, das richtete mich zugrunde. Es schien mir wirklich, als sei die Nacht hereingebrochen über das, was meinem Herzen am nächsten war: meine Ordensfamilie.

Im „Mattenkapitel", das im Mai 1221 abgehalten wurde, machte der Triumph der Zahl – wir waren mehr als fünftausend – mein Unbehagen noch größer. Ich fühlte mich unfähig, den Orden zu leiten, und gleichzeitig wollte ich den Dingen nicht ihren Lauf lassen. Zum Glück wurde ich beiseite geschoben, und Bruder Elias wurde zum Ordensgeneral ernannt.

Im Augenblick war ich erleichtert, die Last der Verantwortung war mir genommen, aber der Frieden hielt nicht an. Die Unerbittlichsten, die versicherten, mir am treuesten zu sein, nahmen den Angriff wieder auf, und die Spaltungen wurden tiefer.

Franziskus, du mußt wiederkommen. Du mußt die Ruder wieder in die Hand nehmen. Du bist uns das schuldig. Vater, du mußt die Gefährlichsten davonjagen ...

Und auf der anderen Seite die Nachricht über jene, die sich als die Reinen, Vergeistigten betrachteten und die ihre Treue zur ersten Regel mißbrauchten, um exzentrisch zu werden. Sie hatten ihr Gleichgewicht eingebüßt und lebten so absonderlich, daß sie sich den Tadel von Bischöfen zuzogen wegen ihrer unmenschlichen Bußübungen und wegen ihres bizzarren und abstoßenden Äußeren.

Wahrhaftig, ich hatte alles verkehrt gemacht.

Es war Nacht.

Die schwärzeste Nacht meines Lebens.

Die Nacht ohne die Gegenwart meines Gottes.

„Mein Gott, mein Gott, warum hast du mich verlassen?" klagte ich fort und fort.

Nicht einmal die offizielle kirchliche Anerkennung, die Papst Honorius die Güte hatte mir mit der Bulle „Solet annuere" zukommen zu lassen, konnte mich trösten. Ich fuhr fort, herumzureisen zwischen den verschiedenen Klöstern und fand keine Ruhe. Ich predigte ein wenig, dann flüchtete ich in eine stille

Einsiedelei, um kurz darauf wieder auf den Straßen umherzuwandern.

Der Ort, der mich in jenen Jahren am meisten anzog, war der Berg La Verna, wo die Brüder ein Klösterchen gebaut und außerdem kleine stille Einsiedeleien eingerichtet hatten.

Der Berg La Verna war mit großen Wäldern bedeckt und war uns vom Grafen Orlando überlassen worden, als Stätte des Gebets.

Ich wollte die vierzigtägigen Fasten bis zum Michaelstag dort oben in einer jener riesigen Felsspalten verbringen. Diese Klüfte hatten mich immer beeindruckt; man sagte von ihnen, sie seien in der Stunde des Leidens Christi entstanden, als, wie es im Evangelium steht, die Felsen barsten.

Ich war ganz von dem Gedanken an die Passion beherrscht, und ich ahnte, mir stehe jetzt die schwerste Schlacht meines Lebens bevor und ich würde die Befreiung dadurch finden, daß ich meine Schmerzen mit den Schmerzen Jesu vereinte.

Ich hatte Bruder Leo, Bruder Masseo und Bruder Angelo bei mir. Bruder Masseo amtierte als Guardian der Gemeinschaft.

Meine treuen Gefährten hatten mir mit ihrem Zartgefühl den geeignetsten Ort ausgesucht, sie kannten meinen Geschmack. Sie hatten eine kleine Brücke über eine Felsspalte geworfen, so daß ich darauf leicht zu dem gewählten Ort hinübergehen konnte, der äußerst einsam und still war. Bruder Leone war damit beauftragt, täglich zu mir an das Brückchen zu kommen und mir Brot und Wasser zu bringen.

Die abgesprochene Parole war das Gebet „Domine labia mea aperies", und wenn ich mit den weiteren Worten des Psalms antwortete, war dies das Zeichen, daß er herüberkommen und in meine Zelle eintreten durfte, andernfalls kehrte er sogleich um.

Es war in der Morgenfrühe des 14. September, Fest Kreuzerhöhung. Die Nacht war furchtbar gewesen, und mein Gebet bitter wie der Tod. Die Versuchung, den Berg zu verlassen und nach Assisi zurückzukehren, um die Leitung des Ordens wieder zu übernehmen, hatte mich mit unausgesetzter Heftigkeit zerwühlt. Aber jetzt verstand ich, daß ich in mir das Opfer Abrahams wiederholen mußte: „Opfere deinen Sohn", sagte mir das Gewissen ein, während der Überdruck meines verkehrten Willens mich noch immer zur Aktion drängte.

Opfere deinen Sohn!

Opfere, was dir das Liebste ist, deinen Orden, den Traum deines Lebens.

Was mich in jenen Stunden rettete, war die Betrachtung des Leidens Jesu.

Wie wahr ist es, daß wir aus uns herausgehen müssen, um unsere Probleme zu lösen. Ich warf mich weit aus mir hinaus und fand mich auf der Straße nach Golgotha.

Was war mein Schmerz gegenüber dem Schmerz Jesu?

Was war meine Niederlage im Vergleich mit der seinen?

Und wer war ich, elendes Menschlein, verstockter Sünder, vor der Majestät des Gottessohnes, vor der Heiligkeit des fleischgewordenen Wortes!

Vor ihm stürzte meine Wertskala um, meine Geschichte schrumpfte zusammen und meine Qualen wurden lächerlich klein.

Und seine Gegenwart wurde riesengroß.

Immer stärker drang sein Wort auf mich ein.

Er sagte zu mir: Franziskus, willige ein, wie ich eingewilligt habe.

Ich willige ein, Herr!

Franziskus, opfere dein Werk, wie ich das meine geopfert habe!

Alle haben mich in der Stunde der Prüfung verraten. Ich bin allein geblieben, verlassener als du, du hast noch Freunde auf diesem Berg.

Ja, damals empfand ich es als eine Notwendigkeit, nicht mehr an meine Schmerzen zu denken, sondern mich ganz auszustrecken, um die Schmerzen Christi zu durchdringen und mitzuerleiden.

Ein Gebet drängte sich mir auf die Lippen, dessen Kraft ich noch heute empfinde:

„Herr Jesus, um zwei Gnaden bitte ich dich, die du mir gewähren mögest, bevor ich sterbe.

Die erste, daß ich an Seele und Leib soweit immer möglich jenen Schmerz empfinde, den du, süßer Jesus, in der Stunde deines bittersten Leidens erduldet hast; die zweite, daß ich in meinem Herzen soweit immer möglich jene außerordentliche Liebe empfinde, die in dir, Sohn Gottes, brannte, so daß du freiwillig ein so großes Leiden für uns Sünder ertrugst."

Ich hatte es vermocht, aus reiner Gnade, das wahre Geheimnis zu betreten und zu leben, das die unsichtbare Welt durchwaltet, ich hatte die Offenbarung der wahren Liebe erhascht, wie eben ein Armer sie erhaschen kann.

Im Leben zählte nicht das Tun, die Liebe zählte.

Was die Welt gerettet hat, war nicht unsere Gescheitheit, unser Handeln: es war die Macht der Liebe

Gottes, die in jedem von uns erfahrbar ist. Auf menschlicher Ebene war das Leben Christi ein Fehlschlag, aber in den Dimensionen seiner Liebe war es ein Meisterwerk, das alles Geschaffene in neues Licht tauchte.

Aus Liebe sterbend hatte Christus die ganze Welt aus dem Verfall emporgehoben.

Der Tod war besiegt.

Ich schloß die Augen und ließ mit mir geschehen. Vollkommene Stille umgab mich, selbst die Vögel schwiegen, obgleich die Sonne eben aufging. Ich fühlte mich umfangen, mehr und mehr, von einer Umarmung bis ins Mark.

Die Verse des Psalms 139 kamen mir in den Sinn:

„Du umschließt mich von allen Seiten
und legst deine Hand auf mich.“

Nach einiger Zeit gewahrte ich vor mir ein starkes Licht, ich öffnete die Augen. Ich erblickte einen feurigen Seraph mit sechs Flügeln, der mich anschaute, wie nie ein Mensch mich angeschaut hatte. Ich hatte mir die Seraphim immer so vorgestellt und war zufrieden, daß er mich so anschaute. Auch den Anblick, den die Offenbarung Gottes gewähren würde, hatte ich mir so vorgestellt.

Indessen war da etwas, was sich in mein Fleisch einpreßte, und ich hätte nicht sagen können *wo*
oder *wie*
oder *warum tust du dies.*

Ich wußte, es war Jesus. Er vereinigte mich mit seinem Leiden. Und er enthüllte mir Geheimnisse Gottes.

Eine wahrere Offenbarung als die konnte es nicht

geben, die mir von allem den Sinn aufschloß, darin alles gründete:

Warum die Welt erschaffen worden war.

Warum Jesus uns erlöst hat.

Warum der Vater uns vergab.

Warum die Kirche auf ihrem Weg nicht zusammenbrach.

Die Umarmung schloß sich noch fester um mich. Ich fühlte einen scharfen Stich an Händen und Füßen, und mehr noch im Herzen. Auch fühlte ich, daß warmes Blut an mir herunterlief. Ich konnte nicht mehr vor Schmerz, aber eine beglückende Gegenwart hielt mich aufrecht. Ich begriff, daß ich auf den Angelpunkt der wahren Glückseligkeit gestoßen war.

Die Auflösung aller Angst.

Die offene Tür zum Paradies.

Ob es Wundmale waren oder nicht, darauf kam es nicht an. Ob es offene Wunden, schwarze Nägel waren oder nicht, gleichviel. Immer handelte es sich um Zeichen, die es so gut wie möglich zu verbergen galt.

Was zählte, das war, daß das Feuer des Heiligen Geistes mein Fleisch durchfahren hatte, dasselbe Feuer, das den gekreuzigten Christus auf Golgotha zum Opfer hingeweiht hatte.

Er hatte mich für immer sich zu eigen gemacht.

Nun verstand ich, warum die Welt so ungereimt war, solange sie nicht dieselbe Erfahrung durchlebt und dasselbe Feuer verspürt hatte. Aber ich wußte nun auch, daß alles und alle eines Tages erlöst sein würden.

Es ist Ostern

Der Tod konnte nicht mehr fern sein, und im Vorgefühl des künftigen Lebens fiel es mir nunmehr leicht, meine Leiden zu ertragen. Der Durchgang des Geist-Feuers durch mein Fleisch hatte die Wirklichkeit der unsichtbaren Dinge zu einer unermeßlichen Evidenz gebracht.

Wie mir nun alles so normal schien! Die Natur war wirklich das äußere Zeichen der Dinge, die ich gesehen hatte. Der Lauf der Jahreszeiten, das Geborenwerden und Sterben, das Aufgehen der Sonne und ihr Untergang, alles war der genaue Hinweis auf die Dinge, die das Feuer ans Licht gebracht hatte, und dies war das Thema alles Realen.

Leben und Tod waren zwei Seiten derselben Sache wie Schmerz und Freude, Licht und Finsternis, Kälte und Wärme. Das Wirkliche war gleichsam mittendurch zweigeteilt durch eine Tür. Nicht umsonst hatte Christus dieses Bild gebraucht:

„Ich bin die Tür."

Die Tür weist auf ein Hier und ein Dort.

Die Erde, das Sichtbare, Sinnenhafte, die Zeit, der Raum, das ist das Hier; der Himmel, das Unsichtbare, das Ewige, das Unendliche ist das Dort. Doch alles ist vereint, konsequent, logisch, wahr.

Die Tür, die Christus ist, beherrscht zugleich das Hier wie das Dort mit der Liebe, die hier gekreuzigt und dort verherrlicht ist. Um in das ewige Leben und in die Herrlichkeit des auferstandenen Christus einzugehen, muß jeder Mensch durch diese Tür gehn, und wer öffnet und schließt, ist der Herr, wie es in der Apokalypse heißt: „Wenn ich öffne, schließt keiner mehr."

Der Übergang heißt Ostern, und der erste, der hinüberging, war Christus der Herr. So heißt es denn auch: „Dies ist der Vorübergang des Herrn."

Alles diesseits der Tür hat eine zeichenhafte Bedeutung, du kannst es nur verstehen im Zusammenhang und in der Entfaltung des Jenseitigen. Ohne diese Bezogenheit, ohne diese Übergänglichkeit kannst du die Wirklichkeit nicht fassen, du verzehrst dein Leben, ohne zu sehen. Die Dinge, die in der Zeit ohne Anknüpfung an das Ewige sind, gewinnen keine Bedeutung: sie sind wie nichts, Blätter, die welken. Jesus selbst hat gesagt:

> *„Sammelt euch nicht Schätze hier auf der Erde, wo Motten und Rost sie zerstören und wo Diebe einbrechen und sie stehlen, sondern sammelt euch Schätze im Himmel, wo weder Motten noch Rost sie zerstören und keine Diebe einbrechen und sie stehlen" (Mt 6,19f.).*

Die Auferstehung Christi gibt Sinn und Leben jedem Geschöpf, das der Vater geschaffen und im Blick auf Ihn und durch Ihn gestaltet hat.

Und auch die Geschöpfe haben zwei Gesichter: das gekreuzigte hier, das verherrlichte dort. Kein Mensch kann dieser Realität entgehen, und deswegen hat der Tod eines jeden ein schmerzliches Gesicht in der diesseitigen Wirklichkeit und ein glorreiches in der Hoffnung.

Der Übergang ist immer eine furchtbare Prüfung, wie angesichts eines undurchschreitbaren Meeres, und ist ein Ausbruch von Freude im Anblick des Meeres, das den Durchgang freigibt.

So war es für das Volk Gottes, so ist es für uns.

Das ist immer ein schmerzvolles Warten und ein unerwartetes Licht.

Dein ist das Warten, das Licht ist von Gott.

Und es ist geschenkt.

Nie kannst du sagen, du hast es verdient ... im Gegenteil! Kein Verdienst hat die Macht, die Tür zu öffnen. Nur die umsonst verschenkte Liebe Gottes vermag etwas über diesen unverrückbaren Riegel.

„Wenn er schließt, öffnet keiner mehr" (Offb 3,7). Doch sein Wille ist immer bereit zu öffnen, denn „dazu bin ich in die Welt gekommen, daß sie das Leben haben und daß sie es in Fülle haben" (Joh 10,10).

Manchmal kommt dir die Frage, warum du immer noch hier bist. Die Antwort ist immer die gleiche. Du mußt lernen zu lieben, denn dort ist nichts mehr außer Liebe.

Als ich es wahrnahm, daß ich Wunden an Händen und Füßen und mehr noch, daß ich eine offene Seite hatte, verstand ich, was es heißt zu lieben und nicht mit der Liebe zu scherzen. Sie ist wahrlich eine ernste und schrecklich verpflichtende Sache.

Dachte ich an meine eigene Jugendzeit zurück, was konnte ich da anders, als mich arm und sündhaft zu fühlen.

Arm bedeutete nun: arm an Liebe.

Sündig bedeutete: „du hast mit dem gescherzt, der für dich litt."

Die Last dieser Betrachtungsweise war erdrückend. Und doch verhält es sich so, und wir dürfen es nicht leichtfertig abtun.

Es ist häßlich, über den Leichnam eines Menschen hinwegzusteigen, der für dich gestorben ist, und singend an jemand vorbeizugehen, der für dich leidet. Das Gesetz der Liebe verlangt immer nur Liebe, wir jedoch vergessen alles.

Wir brauchen uns nicht zu wundern, wenn Gott uns manchmal schlotternd vor der Tür stehen läßt.

Nach der Fastenzeit bis Sankt Michael September 1224 fühlte ich mein Scheiden nahe. Jede kleinste Regung deutete darauf hin.

Da ich nicht mehr zu Fuß gehen konnte, ritt ich auf einem Esel und sah immer vor mir den Rücken von Bruder Leone, dem Treuen. Er, der mir immer so liebevoll zugeneigt war, war der einzige, dem ich gestattete, meine Wundmale zu sehen.

Es störte mich, wenn andere mich neugierig aufsuchten. Mir war, als würde ein Geheimnis verletzt, das nur ich kennen durfte und noch Bruder Leone, der mit mir auf dem Sasso Spico gewesen war und mich wie einen armen Verwundeten aufgelesen hatte. Auf diesen Ritten sah ich mit Freude mein Umbrien wieder und es tat mir gut, jemandem, der mir begegnete, ein freundliches Wort zu sagen.

Natürlich war ich Gast in San Damiano bei Clara, und diesmal blieb ich ein wenig länger. Ich fühlte mich dort wohl und es war mir tröstlich, bei einer so starken und guten Frau zu sein, die bis ins letzte der evangelischen Armut treu geblieben war. Bei ihrem Anblick verflogen die Probleme; die ewigen Komplikationen der Brüder über mögliche oder unmögliche, nicht verwirklichbare Armut fanden im Leben dieser Frau ihre Antwort.

Lebt, diskutiert nicht, schien sie mit ihrer anmutsvollen Person zu sagen.

Es gab noch einen anderen Trost für mich in jener Zeit. Das war die Erhörung eines Gebets, ich wußte, eines Tages würde sie kommen.

Es handelte sich um einen alten Groll zwischen dem Bischof und dem Brügermeister von Rieti. Wie sehr hatte ich darunter gelitten, denn dieser Zank war vielen zum Ärgernis.

Eines Morgens drängte es mich, in die Stadt zu gehen, und Bruder Leone sattelte den Esel. Die Wunden taten mir weh, aber ich fühlte, ich müsse gehen. Was für ein Stimmengewirr um mich herum, als ich mich der Stadt näherte. Ich fühlte die Liebe der Meinen, und wie sie meinen Schmerz umschlang.

Wie groß ist die Freundschaft. Wie tut das Mitgefühl wohl!

Als ich zum Bischofshaus kam, winkte man mir einzutreten. Der Esel durchschritt das Hoftor. Und nun diese Überraschung. Vor mir standen nebeneinander der Bischof und der Bürgermeister und schauten mich an. Ich verstand, daß sie Frieden geschlossen hatten und es mir sagen wollten. Die Szene war wunderschön und viele weinten vor Freude.

Da öffnete ich den Mund, und mit der Stimme, die mir verblieben war, sang ich so im Chor mit meinen Brüdern:

Sei gelobt, mein Herr, durch jene,
die allen verzeihen in deiner Liebe,
die Elend tragen und Mühsal.

Sie dulden im Frieden!
Von dir, du Höchster, empfangen sie die Krone.

Es war nun Zeit, die Tür zu durchschreiten.

Christus hatte mir nie Angst gemacht, und seit der Offenbarung in San Damiano fühlte ich ihn nahe, wahr, mir zugeneigt. Ich konnte nun wirklich und wahrhaftig sagen:

„Für mich ist Christus das Leben,
und Sterben ist mir Gewinn."

Diese Worte des heiligen Paulus an die Philipper hatten mir immer geholfen, aber jetzt stärkten sie mich zum Letzten.

Meine Umgebung fand mich immer schwächer werden. Die Ärzte belagerten mich geradezu. Bischof Ugo wollte mich in seinem Hause haben, und eigens für mich pilgerte er auf den Monte Gargano, der damals wegen des Heiligtums von San Michele einen großen Ruf genoß.

Doch ich fühlte, die Tür öffnete sich bereits.

Am liebsten rezitierte ich den Psalm 114, vor allem wegen dieses starken Ausdrucks, der nun mein fortwährendes Gebet war:

„Und nun befreie mich
aus diesem finsteren Kerker."

So hätte ich beim Hinübergang beten wollen. Aber dann setzte sich mit Ungestüm mein eigener Psalm durch, der Psalm meines Lebens, der „Sonnengesang", bei dem ich, als ich ihn schrieb, die Feder in die Schönheit meines Landes tauchte. An ihm fehlte noch die letzte Strophe, und jetzt war es an der Zeit, sie zu dichten.

Sei gelobt, mein Herr, durch unseren Bruder,
den Leibestod.
Kein Lebender kann ihm entrinnen.
Weh denen, die sterben in Todessünden!
Selig, die sterben, geborgen
in deinem heiligsten Willen.
Der zweite Tod vermag nichts wider sie.
Lobt und preiset meinen Herrn in Dankbarkeit,
und dienet ihm in großer Demut.

Als ich fühlte, daß die Stunde gekommen war, bat ich, daß man mich in die Porziunkula trug ... meine mütterliche Kirche, Lieblingsort, Bethlehem meines Ordens, Schau der Vergebung und Barmherzigkeit Gottes.

Als wir durch Assisi kamen, wollte ich beim Leprosenspital ein wenig Halt machen. Als die Bahre auf den Boden niedergelassen wurde, ließ ich mich der Stadt zukehren. Ich wollte sie segnen. Die Tränen kamen mir, ich litt, aber ich war glücklich.

„Sei von Gott gesegnet, heilige Stadt, denn durch dich werden viele Seelen gerettet werden und in dir werden viele Diener Gottes wohnen und aus dir werden viele zum Reich des ewigen Lebens auserwählt werden."

Als ich den Arm auf meine Bahre zurücklegte, kam mir ein wunderlieblicher Gedanke.

Ich sah nicht die Türme der Stadt, aber ich fühlte gleichsam ihren Atem. Ich sah nicht den Subiaso, aber ich empfand seine Farbe. Ich sann nach.

Der Allerhöchste, mein Herr, hatte für mich Franziskus eine Ausnahme gemacht ... und was für eine Ausnahme!

In der Heiligen Schrift heißt es: „Kein Prophet gilt etwas in seinem Vaterland." Dieser Spruch deutet auf das Geheimnis der Ablehnung, die den meisten zuteil wird. Jesus selbst hat dieses Leid erfahren, da er von seiner Vaterstadt Nazaret abgelehnt wurde.

Für mich hatte Jesus eine Ausnahme gemacht. Assisi hatte mich nicht abgelehnt, vielmehr geliebt. Und auch ich liebte dieses schöne, anmutige, freundliche Städtchen von Herzen.

In der Porziunkula, wohin sie mich brachten, befand ich mich wohl, von soviel Zuneigung umgeben, und ich wünschte wirklich hier mein Ostern zu vollenden. So kam es ...

Es war ein Samstag, ein gutes Vorzeichen für mich, und der 3. Oktober. Ich sah fast nichts mehr, mit meinen Augen war es endgültig aus. Um mich herum meine Gefährten: so viele waren es! welch ein Gerausche und Geflüster! Gespanntes Warten! Ich meinte mich in einer feierlichen Liturgie zu befinden, wie in einer Kathedrale. Als wäre ich der Zeremonienmeister, bat ich, man möge mich hinaustragen an die frische Luft, unter die Bäume.

Sie trugen mich hinaus.

Die Kreaturen ringsum, die ich wegen meiner Erblindung nicht mehr sah, sprachen liebreich zu mir. Es war, als beteten auch sie mit den tiefbewegten Brüdern.

Als ich die Stunde herannahen fühlte, befahl ich, daß sie mich nackt auf die nackte Erde legten. Ich sage „befahl", denn es war nicht leicht, Gehorsam zu bekommen.

Immer ist einer da, der meint, der „Übergang" sei etwas Befremdliches, Unmögliches, Nichtseinsollendes, vor dem man stets fliehen muß. Ich indessen lag da und wünschte ihn mir.

Die Feuchtigkeit der Erde gab mir Erleichterung, sie war wie eine Umarmung, die mir vertraut war, und die mich nun wieder umschließen wollte.

Aber ich suchte sie nicht mehr. Die wahre Umarmung erwartete ich nun von ihm, meinem allerhöchsten Herrn. Ich ging durch die Tür hinüber und ich meinte einen Chor zu vernehmen.

Vielleicht waren es die Engel jener kleinen Kirche Santa Maria degli Angeli, die meinem Herzen am nächsten war.

Beten mit Franziskus

Kleines Offizium

zusammengestellt aus seinen Worten
und seinen Gebeten

Ich wollte alles tun, daß uns Franziskus von Assisi ganz lebendig und nahe erscheint.

Ihn lebendig zu fühlen, ihm zuzuhören, als spreche er heute zu uns, ist mir nicht schwer gefallen, weil mich eine so große Liebe mit ihm verbindet und weil seine Botschaft so universal ist, daß sie jeden erreichen kann.

Ich war versucht, diesem Bändchen den Titel „Mein Franziskus" zu geben, und ich meine, jeder von euch könnte es ebenso nennen und könnte ebenso sagen: „Mein Franziskus".

So mag es für euch wie für mich gelten, daß ich mich nun zum Schluß von Franziskus, diesem Mann des Gebets, angetrieben fühle, seine Gebete zu sprechen, sei es im Geist der Buße oder des Trostes, wie es gerade das Richtige ist.

Ich gebe nun mein Rollenspiel auf. Die Gebete, die ich zusammengestellt habe, sind wirklich die seinen. Nach meiner alten Mönchsgewohnheit habe ich sie den Tagzeiten zugeordnet, eine Art Offizium nach Franziskus.

Überflüssig zu sagen, daß sie schön sind: es sind Gebete, die ein Heiliger verfaßt hat[1].

Die Psalmen hat Franziskus offensichtlich aus dem Psalter der Kirche geschöpft, aber die Anordnung der Verse ist von ihm und läßt seine Gemütsverfassung erkennen.

Für jeden Teil des Offiziums habe ich einen Psalm, eine seinen Schriften entnommene Lesung und ein Gebet ausgewählt.

Das Ganze kann den Bogen eines Tages oder mehrerer Tage ausfüllen. Wichtig ist nur, daß man die Gebete in Ruhe und Sammlung liest.

[1] Vgl. dazu das empfehlenswerte Werk von *Emmanuel Jungclaussen*, Beten mit Franz von Assisi (Freiburg i. Br. [5]1980). Es enthält alle als authentisch bezeugten Gebete des Heiligen mit eingehenden Hinweisen zum Verständnis und Vollzug heute. Die deutsche Übertragung der im folgenden ausgewählten Gebete ist – bis auf wenige Ausnahmen – diesem Werk entnommen.

Eingang

Der Lobpreis Gottes von la Verna

(Bruder Leo erhielt von Franziskus das auf einem Blatt Papier niedergeschriebene Gebet)

Du bist der Heilige, Herr, der alleinige Gott;
Wunderwerke vollbringst du.
Du bist der Starke.
Du bist der Große.
Du bist der Höchste.
Du bist der allmächtige König,
du, heiliger Vater,
König des Himmels und der Erde.
Du bist der Dreifaltige und der Eine,
Herr und Gott über allen Göttern.
Du bist das Gute, jegliches Gut, das höchste Gut,
Herr und Gott, lebendig und wahr.
Du bist die Liebe und Güte.
Du bist die Weisheit.
Du bist die Demut.
Du bist die Geduld.
Du bist die Schönheit.
Du bist die Sicherheit.
Du bist die Ruhe.
Du bist die Freude und das Frohlocken.
Du bist unsere Hoffnung.
Du bist die Gerechtigkeit.
Du bist das Maß.
Du bist all unser Reichtum zur Genüge.
Du bist die Schönheit.
Du bist die Milde.

Du bist der Beschützer.
Du bist der Hüter und unser Beschirmer.
Du bist die Stärke.
Du bist die Erquickung.
Du bist unsere Hoffnung.
Du bist unser Glaube.
Du bist unsere Liebe.
Du bist unsere ganze Glückseligkeit.
Du bist unser ewiges Leben.
Großer und wunderbarer Herr,
allmächtiger Gott, barmherziger Heiland.

Matutin

PSALM

Froh jauchzet unsrem Helfer-Gott,* dem Herrn, dem wahren und lebend'gen Gott, ihm jubelt zu.
Denn hoch erhaben ist der Herr und furchtgebietend,* der große König über alle Welt.
Denn der im Himmel unser heiligster Vater, er, unser König, hat vor aller Zeit uns seinen lieben Sohn herabgesandt,* geboren von der seligen Jungfrau, der heiligen Maria.
Er spricht zu mir: „Du bist mein Vater."* Zum Erstgebor'nen will ich ihn erheben, zum Höchsten unter Erdenkönigen.
An jenem Tage ließ er sein Erbarmen walten,* so ward des Nachts ihm Lobpreis schon zuteil.
Das ist der Tag, den uns der Herr bereitet,* drum laßt uns jauchzen, fröhlich sein an ihm.
Denn das hochheilige, geliebte Kind ist uns geschenkt und ward geboren für uns auf dem Wege, gelegt in eine Krippe,* denn in der Herberge fand es keinen Platz.
Ehre sei in der Höhe dem Herrn und Gott* und auf der Erde Friede den Menschen, die guten Willens sind.
Drob freue sich der Himmel, und die Erde jauchze, aufrauschen soll das Meer in seiner Wogenfülle,* frohlocken soll die Flur und alles, was auf ihr.
Singt dem Herrn ein neues Lied,* singt dem Herrn, alle Lande.
Groß ist der Herr und hohen Lobes würdig,* erhaben über alle Götter.
Bringt dem Herrn, ihr Völkerstämme, bringt dem

Herrn Ruhm und Preis,* bringt ihm seines Namens Ehre.
Bringt eure Leiber dar und tragt sein heil'ges Kreuz* und folget bis zum Ende seinen heiligsten Geboten.

LESUNG

Der Lobpreis der Tugenden

Sei gegrüßt, Königin Weisheit, der Herr bewahre dich durch deine Schwester, die heilige, reine Einfalt.
O Herrin, heilige Armut, der Herr bewahre dich durch deine Schwester, die heilige Demut.
Herrin, heilige Liebe, der Herr bewahre dich durch deine Schwester, den heiligen Gehorsam.
Ihr hochheiligen Tugenden, euch alle bewahre der Herr, von dem ihr ausgeht und herkommt.
Kein einziger Mensch ist auf der ganzen Welt, der nur eine von euch besitzen könnte, ohne vorher sich selbst zu sterben. Wer eine besitzt und die anderen nicht verletzt, der besitzt alle, und wer eine verletzt, der besitzt keine und verletzt alle: und jede für sich macht Laster und Sünde zuschanden.
Die heilige Weisheit macht Satan mit all seiner Bosheit zuschanden.
Die reine, heilige Einfalt macht alle Weisheit dieser Welt zuschanden mitsamt der Weisheit des Fleisches.
Die heilige Armut macht alle Habsucht und Geiz und weltliches Sorgen zuschanden.
Die heilige Demut macht den Stolz und alle Weltmenschen und alles nur Weltliche zuschanden.
Die heilige Liebe macht alle teuflischen und fleischlichen Versuchungen und alle fleischlichen Ängste zuschanden.

Der heilige Gehorsam macht alles fleischliche und selbstische Wollen zuschanden und hält seinen Leib abgetötet, damit er dem Geist gehorche und seinem Bruder gehorche, und macht den Menschen allen Menschen dieser Welt untertan, und zwar nicht nur den Menschen, sondern selbst allen unvernünftigen und wilden Tieren, damit sie mit ihm nach ihrem Belieben tun können, sofern es ihnen von oben, vom Herrn, gegeben ist.

GEBET

Allmächtiger, ewiger, gerechter und barmherziger Gott. Verleihe uns Elenden, um deiner selbst willen das zu tun, von dem wir wissen, daß du es willst. Und immer zu wollen, was dir gefällt, auf daß wir, im Innern geläutert und erleuchtet und entflammt vom Feuer des Heiligen Geistes, nachfolgen können den Fußspuren deines Sohnes, unseres Herrn Jesus Christus, und zu dir, du Allerhöchster, durch deine Gnade gelangen. Der du in vollkommener Dreifaltigkeit und einfacher Einheit lebst und herrschest und verherrlicht wirst als allmächtiger Gott in alle Ewigkeit. Amen.

(Schlußgebet aus dem Brief an den ganzen Orden)

Laudes

PSALM

Das Sonnenlied

Du höchster, allmächtiger, guter Herr, dein ist Lobpreis und Ruhm, Ehre und jeglicher Segen. Dir allein, Höchster, gebühren sie. Und keiner der Menschen ist wert, dich im Munde zu führen.

Sei gelobt, mein Herr, mit all deinen Kreaturen, sonderlich mit der hohen Frau, unserer Schwester Sonne, die den Tag macht und mit ihrem Licht uns leuchtet. Schön in der Höhe und strahlend im mächtigen Glanz, ist sie dein Sinnbild, du Herrlicher!

Sei gelobt, mein Herr, durch Bruder Mond und die Sterne. Du hast sie am Himmel geformt in köstlich funkelnder Ferne!

Sei gelobt, mein Herr, durch Bruder Wind, durch Luft und Gewölk und heitres und jegliches Wetter. Alle Kreatur belebst du durch sie!

Sei gelobt, mein Herr, durch Schwester Wasser. Es ist so nützlich, gering, köstlich und keusch.

Sei gelobt, mein Herr, durch Bruder Feuer. Es erleuchtet das Dunkel, kühn ist sein Sprühen, heiter ist es, schön und gewaltig stark.

Sei gelobt, mein Herr, durch unsere Schwester Mutter Erde. Sie versorgt uns und nährt uns und zeitigt allerlei Früchte, farbige Blumen und Gras.

Sei gelobt, mein Herr, durch jene, die allen verzeihen in deiner Liebe, die Elend tragen und Mühsal. Sie dulden im Frieden! Von dir, du Höchster, empfangen sie die Krone.

Sei gelobt, mein Herr, durch unseren Bruder, den Leibestod. Kein Lebender kann ihm entrinnen. Weh denen, die sterben in Todessünden! Selig, die sterben, geborgen in deinem heiligsten Willen! Der zweite Tod vermag nichts wider sie.

Lobet und preiset meinen Herrn in Dankbarkeit! Und dienet ihm in großer Demut!

LESUNG

Aus dem Testament

So hat der Herr mir, dem Bruder Franziskus, gegeben, das Leben in Buße zu beginnen: denn, da ich in Sünden war, erschien es mir unerträglich bitter, Aussätzige anzublicken. Und der Herr selbst hat mich unter sie geführt, und ich habe ihnen Barmherzigkeit erwiesen. Und während ich fortging von ihnen, wurde mir gerade das, was mir bitter schien, in Süßigkeit des Geistes und des Leibes verwandelt.

GEBET

Das Gebet vor dem Kreuzbild in San Damiano

Höchster, glorreicher Gott,
erleuchte die Finsternis meines Herzens,
und schenke mir rechten Glauben,
feste Hoffnung und vollkommene Liebe
Gib mir, Herr,
Gespür und Erkennen,
daß ich erfüllen möge
deinen heiligen und wahrhaften Auftrag.

Prim

PSALM

Auf dich, o Herr, vertraue ich, auf ewig werd' ich nicht zuschanden.* Du bist gerecht, befreie und errette mich.
Neig her zu mir dein Ohr.* Komm mir zu Hilfe. Sei mir Beschirmer, Gott, sei mir die Zufluchtstatt,* in der ich Rettung finde.
Denn du, o Herr, bist meine Zuversicht,* du meine Hoffnung schon von meiner Jugend an.
Vom Mutterleibe her warst meine Stütze du, vom Schoße meiner Mutter an warst du mein Schutz,* drum sei mein Lobgesang dir stets geweiht.
Voll deines Lobes sei darum mein Mund,* ich will besingen deinen Ruhm und deine Größe allezeit.
Erhöre mich, o Herr, denn mild ist dein Erbarmen,* blick her zu mir in deiner großen Huld.
Verhülle nicht dein Angesicht vor deinem Knecht,* mir ist so bang, erhör mich schnell.
Gepriesen sei der Herr, mein Gott, denn Zuflucht ward er mir* und eine Burg am Tag der Trübsal.
Mein Hort, dir will ich singen,* denn du, o Gott, bist meine Zuflucht. Mein Gott, du mein Erbarmer.

LESUNG

Und jene, die kamen, dies Leben anzunehmen, gaben alles, was sie haben mochten, den Armen. Und sie waren zufrieden mit einem Habit, der innen und außen geflickt war, mit einem Strick und den Hosen. Und mehr wollten wir nicht haben.
Die Tagzeiten beteten wir Kleriker wie andere Kleri-

ker, die Laien beteten das Vaterunser. Und sehr gern verweilten wir in den Kirchen. Und wir waren schlicht und jedermann untertan. Und ich arbeitete mit meinen Händen und will arbeiten. Und ich will nachdrücklich, daß alle anderen Brüder einer Arbeit nachgehen, die ehrbar ist. Die das nicht können, sollen es lernen nicht aus Sucht, für die Arbeit einen Lohn zu erhalten, sondern um des Beispiels willen und um den Müßiggang zu vertreiben.

GEBET

Mein Herr Jesus Christus,
ich danke dir
für soviel Liebe und Güte,
die du mir erzeigst.
Es ist ein Zeichen großer Liebe,
wenn der Herr seinen Knecht
tüchtig straft
wegen seiner Fehler in dieser Welt,
damit er dafür nicht bestraft wird
in der anderen Welt.
Und ich bin heiter gerüstet,
jede Pein zu erdulden
und jede Widerwärtigkeit, die du mein Gott
mir schicken willst
für meine Sünden.

(III. Betrachtung über die heiligen Wundmale)

Terz

PSALM

Ihr Völker all, klatscht in die Hände,* jauchzet Gott mit Jubelruf.
Denn hocherhaben ist der Herr und furchtgebietend* der große König über alle Welt.
Denn der im Himmel unser heiligster Vater, er, unser König, hat vor aller Zeit uns seinen lieben Sohn herabgesandt* und Heil gewirkt inmitten seines Landes.
Drob freue sich der Himmel, und die Erde jauchze, aufrauschen soll das Meer in seiner Wogenfülle,* frohlocken soll die Flur und alles, was auf ihr.
Singt dem Herrn ein neues Lied,* singt dem Herrn, alle Lande.
Groß ist der Herr und hohen Lobes würdig,* erhaben über alle Götter.
Bringt dem Herrn, ihr Völkerstämme, bringt dem Herrn Ruhm und Preis,* bringt ihm seines Namens Ehre.
Bringt eure Leiber dar und tragt sein heil'ges Kreuz* und folget bis zum Ende seinen heiligsten Geboten.
Vor seinem Angesicht erschauere das All.* Den Heiden sagt, daß König ist der Herr.
Er fuhr zum Himmel auf* und sitzt zur Rechten des allheiligen himmlischen Vaters.
Erheb dich über alle Himmel, Gott,* dein Glanz durchstrahle alle Welt.
Wir wissen, daß er einstens kommt,* zu richten in Gerechtigkeit.

LESUNG

Weiter gab und gibt mir der Herr zu den Priestern, die nach der Form der heiligen Römischen Kirche leben, ein solch großes Vertrauen wegen ihrer Weihe, daß ich, wenn sie mich verfolgen würden, dennoch zu ihnen meine Zuflucht nehmen will. Und wenn ich solch große Weisheit besäße, wie Salomon sie gehabt hat, und fände armselige Priester dieser Welt – in den Pfarreien, in denen sie wohnen, will ich nicht ohne ihren Willen predigen. Und diesen und allen anderen will ich Ehrfurcht erweisen, will sie lieben und ehren wie meine Herren.

GEBET

Losreißen möge meinen Sinn, ich bitte Dich, o Herr, die flammende und doch erquickende Gewalt Deiner Liebe von allem, was unter dem Himmel ist, damit ich sterbe aus Liebe zu Deiner Liebe, der Du Dich herabgelassen hast, aus Liebe zu meiner Liebe zu sterben.
(Ubertino da Casale, arbor vitae crucifixae Jesu Libr. V. c. IV)

Sext

PSALM

Der Herr erhöre dich am Tag der Trübsal,* des Gottes Jakobs Name schütze dich.
Aus seinem Heiligtum send' er dir Hilfe,* er schütze dich von Zion aus.
All deiner Opfergaben sei er eingedenk,* dein Opfer möge segensschwer er machen.
Gewähren mög' er, was dein Herz begehrt;* er lasse deine Pläne glücken.
Wir freuen uns, wenn Hilfe dir geworden,* und rühmen uns im Namen unsres Gottes.
Erfüllen soll der Herr dir deine Bitten.* Nun weiß ich, daß der Herr gesendet Jesus Christus, seinen Sohn, und richten wird er nach dem Recht die Völker.
Des Armen Zuflucht ist der Herr,* er hilft zur Zeit der Not. Drum mögen fest auf die vertrauen, die deinen Namen kennen.
Gepriesen sei der Herr, mein Gott,* denn Zuflucht ward er mir und eine Burg am Tag der Trübsal.
Mein Hort, dir will ich singen,* denn du, o Gott, bist meine Zuflucht. Mein Gott, du mein Erbarmer.

LESUNG

Schreiben an die Lenker der Völker

Allen Bürgermeistern und Ratsherren, Richtern und Lenkern auf der ganzen Welt sowie allen anderen, zu denen dieses Schreiben gelangt, euch allen wünscht Bruder Franziskus, euer ganz geringer und verächtlicher Knecht im Herrn, Heil und Frieden.

Bedenket und seht, daß „der Tag des Todes sich naht". Daher bitte ich euch mit aller nur möglichen Ehrfurcht, ihr möchtet doch nicht wegen der Sorgen und der geschäftigen Tätigkeit dieser Welt, wie ihr sie habt, den Herrn vergessen und von Seinen Geboten abweichen. Denn all jene, die Ihn in Vergessenheit sinken lassen und „von Seinen Geboten abweichen, sie sind verflucht" und werden von ihm „der Vergessenheit überantwortet werden". Und wenn der Tag des Todes kommt, dann „wird ihnen alles, was sie zu haben glaubten, genommen werden". Und je weiser und mächtiger sie in dieser Welt gewesen sind, desto größere „Qualen werden sie in der Hölle erdulden".
Daher rate ich euch, meine Herren, eindringlich, alles Sorgen und unruhevolle Treiben zurückzustellen und den heiligsten Leib und das heiligste Blut unseres Herrn Jesus Christus bei seinem heiligen Gedächtnis mit Liebe zu empfangen.
Und bereitet doch dem Herrn in dem euch anvertrauten Volk so große Ehre, daß an jedem Abend durch einen Herold oder durch irgendein Zeichen verkündet wird, daß vom ganzen Volke Gott, dem allmächtigen Herrn, Lobpreis und Dank erzeigt werden soll. Und wenn ihr dies nicht tut, so wisset, daß ihr vor eurem Herrn und Gott Jesus Christus am Tage des Gerichtes Rechenschaft ablegen müßt.
Die dieses Schreiben bei sich bewahren und es befolgen, sollen wissen, daß sie von Gott, dem Herrn, gesegnet werden.

GEBET

Herr Gott,
glorreicher Vater,
wir bitten dich,
zeige uns
durch dein Erbarmen,
was wir tun sollen!

(Anon. Perug., 10)

Non

PSALM

Erbarme dich meiner, Gott, erbarme dich,* denn ich vertrau' auf dich.
Im Schatten deiner Flügel will ich harren,* bis ausgetobt der Unheilssturm.
Ich ruf' zu meinem heiligsten und höchsten Vater,* zu Gott, der mir stets wohlgetan.
Er greift vom Himmel her nach mir und rettet mich,* er überhäuft mit Schmach, die mich zertreten.
Von grimmen Feinden hat er mich errettet,* von meinen Hassern, die gar mächtig waren wider mich.
Sie legten meinen Füßen eine Schlinge* und beugten meine Seele nieder.
Sie gruben eine Grube mir* und fielen selbst hinein.
Bereit ist mein Herz, o Gott, bereit,* dir will ich singen, spielen.
Wach auf mein Ruhm, wach auf, du meine Harfe, meine Zither,* erheben will ich mich noch vor der Morgenröte.
Dich will ich preisen, Herr, vor allen Völkern,* lobsingen dir vor den Geschlechtern.
Denn dein Erbarmen reicht bis an den Himmel,* bis an die Wolken deine Treue.
Erheb dich über alle Himmel, Gott,* dein Glanz durchstrahle alle Welt.

LESUNG

Aus den Fioretti

Bruder Franziskus und Bruder Masseo langten eines Tages sehr hungrig in einem Dorf an, und der Regel gemäß gingen sie um Gottes Liebe willen betteln. Der heilige Franziskus wendete sich nach dem einen Ortsteil, und Bruder Masseo nach dem anderen. Da aber der heilige Franziskus ein so mißachteter unscheinbarer Mensch und klein von Gestalt war, und da, wer ihn nicht kannte, ihn für einen armen Tropf hielt, bekam er bloß ein paar Bissen ab und ein paar Brocken hartes Brot; Bruder Masseo hingegen, der ein großgewachsener und schön anzusehender Mann war, erhielt gute und große Stücke und einen ganzen Brotlaib.

Sie nahmen, was sie ergattert hatten, und gingen zum Essen aus der Stadt hinaus; dort gab es einen schönen Brunnen und daneben einen schönen breiten Stein, drauf legte jeder die Almosen, die er eingesammelt hatte. Und als der heilige Franziskus sah, daß die Brotstücke von Bruder Masseo reichlicher und schöner und größer waren als die seinen, machte ihn das höchst vergnügt und er sagte: „O Bruder Masseo, wir sind eines so großen Schatzes nicht würdig." Mehrmals sagte er das, bis Bruder Masseo entgegnete: „Vater, wie kann man von einem Schatz sprechen, wo soviel Armut ist und Mangel am Nötigsten? Hier gibt es weder Tischtuch, noch Messer, noch Hackbrett, noch Schüsseln, noch Haus, noch Tisch, noch Knecht, noch Magd." Da sagte Sankt Franziskus: „Gerade das halte ich für einen großen Schatz, wo gar nichts durch menschliche Geschäftigkeit zubereitet wurde; sondern was hier ist, wurde von der göttlichen Vorsehung zubereitet, wie man ganz deutlich sieht an dem uns zugereichten Brot, an dem Tisch aus Stein, der so schön ist, und an dem Quellwasser, das so klar ist. Darum möchte ich, daß der Schatz der heiligen Armut, der so edel ist, daß er Gott zum Diener hat, uns dazu bringt, daß wir aus ganzem Herzen lieben." Nach diesen Worten sprachen sie ihr Gebet und nahmen die leibliche Stärkung, die aus diesen Brotstükken und diesem Wasser bestand, dann standen sie auf und machten sich auf den Weg nach Frankreich.

GEBET

Losreißen möge meinen Sinn, ich bitte Dich, o Herr, die flammende und doch erquickende Gewalt Deiner Liebe von allem, was unter dem Himmel ist, damit ich sterbe aus Liebe zu Deiner Liebe, der Du Dich herabgelassen hast, aus Liebe zu meiner Liebe zu sterben.

Vesper

PSALM

Stimmt an dem Herrn ein neues Lied,* der große Wunder hat getan.
Geheiligt hat er seinen Sohn mit seiner Rechten,* geholfen ihm mit seinem heil'gen Arm.
Der Herr hat kundgetan sein Heil,* enthüllte vor den Heiden die Gerechtigkeit.
An jenem Tage ließ er sein Erbarmen walten,* so ward des Nachts ihm Lobpreis schon zuteil.
Das ist der Tag, den uns der Herr bereitet,* drum laßt uns jauchzen, fröhlich sein an ihm.
Gelobt sei, der da kommt in seinem Namen,* Gott ist der Herr, er ist uns aufgestrahlt.
Drob freue sich der Himmel, und die Erde jauchze, aufrauschen soll das Meer in seiner Wogenfülle,* frohlocken soll die Flur und alles, was auf ihr.
So bringt dem Herrn, ihr Völkerstämme, bringt dem Herren Ruhm und Preis,* bringt ihm seines Namens Ehre.
Ihr Erdenreiche, singt dem Herrn, spielt auf dem Herrn, und preiset Gott,* ihn, der am höchsten Himmel hinfährt gegen Aufgang.
Horch nur, wie mächtig seine Stimme schallt,* gebt Gott die Ehre!
Seine Huld mög' walten über Israel,* in Wolkenhöhen seine Macht.
Wie wunderbar ist Gott in seinen Heiligen!*
Er ist's, Gott Israels, der seinem Volke Macht verleiht und Stärke. Preis dir, o Gott!

LESUNG

Von der wahren und vollkommenen Freude

Eines Tages, bei Santa Maria degli Angeli, rief der selige Franziskus den Bruder Leone herbei und sagte zu ihm: „Bruder Leone, schreib." Dieser sagte: „Hier bin ich, ich bin bereit." „Schreib", sagte Franziskus, „was die wahre Freude ist."

„Ein Bote kommt und berichtet, daß alle Lehrer von Paris in den Orden eingetreten seien; schreib: das ist nicht die wahre Freude. So auch, es wären in den Orden alle Prälaten von jenseits der Alpen, Erzbischöfe und Bischöfe eingetreten, und nicht nur diese, sogar der König von Frankreich und der König von England; schreib: das ist nicht die wahre Freude. Und wenn dich die Nachricht erreicht, daß meine Brüder zu den Ungläubigen gegangen und sie alle zum Glauben bekehrt hätten, oder auch, daß ich von Gott solche Gnade empfangen hätte, Kranke zu heilen und viele Wunder zu wirken; nun denn, ich sage dir: auch hier ist nicht die wahre Freude."

„Aber was ist dann die wahre Freude?"

„Also, ich komme von Perugia mitten in der Nacht und lange hier an, es ist Winter, schlammig und so rauh, daß sich am Kuttenrand unten Eiszapfen bilden, die mir ständig an die Beine schlagen, bis das Blut aus den so entstandenen Wunden läuft. Und ich, ganz voll Schmutz, in Kälte und Eis, lange bei der Pforte an, und nach vielem Klopfen und Rufen kommt ein Bruder und fragt: „Wer bist du?" Ich antworte: „Bruder Franziskus." Und jener sagt: „Geh fort, das ist nicht die schickliche Zeit, anzukommen. Du bleibst jetzt draußen." Und da ich auf meinem Wunsch beharre,

antwortet der andere: „Geh fort, du bist ein Simpel und ein Tölpel, hier kommst du jetzt nicht herein; wir sind hier viele tüchtige Leute und brauchen dich nicht." Und ich stehe immer noch vor der Tür und sage: „Um der Liebe Gottes willen, nehmt mich für diese Nacht auf." Und jener antwortet: „Ich tu's nicht. Geh fort zu den Kreuzbrüdern und frag dort."
Angenommen, ich nähme das mit Geduld hin und ließe mich nicht aus der Ruhe bringen, so sage ich dir, hier ist die wahre Freude und hier die wahre Tugend und das Heil der Seele."

GEBET

Wir beten dich an, Herr Jesus Christus – hier und in all deinen Kirchen, die in der ganzen Welt sind –, und benedeien dich, denn durch dein heiliges Kreuz hast du die Welt erlöst.

(Gebet aus dem Testament des heiligen Franziskus)

Komplet

Wer bist du, Herr, von unendlicher Güte
und Weisheit und Macht,
daß du mir die Huld erweist,
zu mir zu kommen,
der ich ein elender Wurm bin,
verabscheuungswürdig?

PSALM

Ich will dich preisen, Herr, heiligster Vater,
König Himmels und der Erde,* denn du hast
mich getröstet.
Du bist mein Heiland, Gott,* ich stehe fest und
bange nicht.
Der Herr ist meine Stärke und mein Ruhm,*
durch ihn ward ich gerettet.
Herr, deine Rechte zeigt' sich groß an Kraft, ja deine
Rechte, Herr, zermalmt' den Feind.* Durch deiner Hoheit Wucht erdrückst du meine Gegner.
Die Armen mögen schauen und sich freuen.* Sucht
Gott, und euer Herz wird leben.
Lobsingen sollen Himmel ihm und Erde,* das Meer
samt allem, was sich regt in ihm.
Denn Gott wird Zion wieder Hilfe schaffen,* und Judas Städte werden neu erbaut.
Sie werden wohnen drin* und sie besitzen:
die Söhne seiner Knechte werden sie ererben,* die seinen Namen lieben, werden drin verbleiben.

LESUNG

Der Herr gab mir solchen Glauben an die Kirche, daß ich ganz einfach anbetete und sprach: „Wir beten dich an, Herr Jesus Christus – hier und in all deinen Kirchen, die in der ganzen Welt sind –, und benedeien dich, denn durch dein heiliges Kreuz hast du die Welt erlöst."

(aus dem Testament)

GEBET

Herr Jesus,
um zwei Gnaden bitte ich dich,
die du mir gewähren mögest,
bevor ich sterbe:
Die erste, daß ich in meinem Leben
an Seele und Leib
soweit immer möglich
jenen Schmerz empfinde, den du,
süßer Jesus, in der Stunde
deines bittersten Leidens
erduldet hast,
die zweite, daß ich in meinem Herzen
soweit immer möglich
jene außerordentliche Liebe empfinde,
die in dir, Sohn Gottes, brannte,
so daß du gerne freiwillig ein so großes Leiden
für uns Sünder ertrugst.

(III. Betrachtung über die Wundmale)

Mit Maria

Der Gruß an die Gottesmutter

Gegrüßet seist du, heilige Herrin,
hochheilige Königin, Gottesgebärerin Maria.
Du bist Jungfrau, zur Kirche gemacht
und erwählt vom heiligsten Vater im Himmel.
Dich hat er geweiht mit seinem heiligsten
geliebten Sohn und dem Geist, dem Tröster.
In dir war und ist
jegliche Fülle der Gnade und alles Gut:
Sei gegrüßt, du sein Palast.
Sei gegrüßt, du sein Gezelt.
Sei gegrüßt, du seine Wohnstatt.
Sei gegrüßt, du sein Gewand.
Sei gegrüßt, du seine Magd.
Sei gegrüßt, du seine Mutter.
Und seid gegrüßt,
ihr heiligen Tugenden alle,
die ihr durch Gnade
und Erleuchtung des Heiligen Geistes
in die Herzen der Menschen ausgegossen werdet,
um für Gott aus Ungläubigen Gläubige zu machen.

(Opuscula, 123)

Carlo Carretto

Gib mir deinen Glauben

Gespräche mit Maria von Nazareth

„Wer unter der schier unübersehbaren marianischen Literatur etwas Erfrischendes und unseren Glauben zutiefst Erneuerndes sucht, der greife zu diesem Bändchen! Es handelt sich um ein ungewöhnliches Marienbuch. Der Autor führt uns durch einige Stationen des Marienlebens. Er tut es meditierend, aber nicht nach Art der tausend ‚Betrachtungsbücher', sondern in Zwiesprache mit Maria; und das in einer unwahrscheinlich schönen Weise, bar jeder falschen Romantik."

Deutsche Tagespost

„Carlo Carretto nimmt uns mit, und wir begleiten Maria auf den Stationen ihres Glaubensweges. Sie selber erzählt uns von den harten Prüfungen ihres Glaubens. Die Darstellung wird dadurch überaus lebendig. Menschen, die sich mit der Marienverehrung schwer tun, könnten aus diesem Buch ersehen, wie sehr uns Maria Vorbild für einen harten Glaubensweg sein kann. Sie könnten daraus beten und glauben lernen."

Theologisch-praktische Quartalsschrift

7. Auflage. 128 Seiten, kartoniert.
ISBN 3-451-19018-4

Verlag Herder Freiburg · Basel · Wien

Weitere Titel von Carlo Carretto im Verlag Herder:

Wo der Dornbusch brennt
Geistliche Briefe aus der Wüste

„Vielleicht gehören Sie zu den Lesern, die durch dieses Buch elektrisiert werden!"

Geist und Leben

19. Auflage. 144 Seiten, kartoniert. ISBN 3-451-16654-2

In deiner Stadt ist deine Wüste
Geistliche Erfahrungen

„Ein Buch, das als Zeugnis lebendiger und ansteckender geistlicher Erfahrung nur empfohlen werden kann!"

Österreichisches Klerusblatt

8. Auflage. 150 Seiten, kartoniert. ISBN 3-451-18234-3

Warum, Herr?
Erfahrungen der Hoffnung über das Geheimnis des Leids

„Ein zutiefst menschliches Buch für alle, die bei diesem schwierigen Thema nach ehrlichen Antworten suchen."

Weltbild

3. Auflage. 176 Seiten, kartoniert. ISBN 3-451-20536-X

Worte aus der Wüste

„Das Büchlein kann ein lieber Begleiter für alle werden, die das Gebet und die Stille suchen."

Theologie und Philosophie

4. Auflage. 118 Seiten, kartoniert. ISBN 3-451-18558-X

Verlag Herder Freiburg · Basel · Wien